Die **Super-Oldtimer** der Welt

Hans Georg Isenberg

Die Super-Oldtimer der Welt

BASSERMANN

Mut zur Extravaganz zahlt sich bei der Automobilproduktion anscheinend erst nach Jahrzehnten aus. Heute ist der luftgekühlte rote Franklin-Roadster eine Kostbarkeit (rechts). Der gewaltige Duesenberg J beeindruckte Anfang der 30er Jahre durch außergewöhnliche Leistung: 265 PS in der zahmsten Ausführung (ganz rechts oben). Der rote Buick-Reihenachtzylinder von 1949 ist eine begehrte Rarität der Straßenkreuzerära. Chrom im opulenten Stil der „Fifties" zeigt das Armaturenbrett des Oldsmobile Convertible. Manch ein Mauerblümchen von gestern ist heute auf millionenschweren Auktionen Star der Oldtimerszene

Inhalt

Anfang der 20er Jahre erschienen die ersten mit einem Kompressor aufgeladenen 28/95-PS-Mercedes-Sportwagen auf den Rennpisten. 1922 wurde das berühmte Targa-Florio-Rennen auf Sizilien von Graf Giulio Masetti mit dem ersten Mercedes-Kompressorwagen gewonnen. Der gelbe 630 K Sportroadster hat 140 PS, fuhr 124 km/h; er wurde 307mal gebaut

Die Maybach-Luxuswagen aus Friedrichshafen am Bodensee galten in den 30er Jahren als die teuersten und technisch fortschrittlichsten Repräsentationswagen. Dieser SW 38 wurde von der Ravensburger Karosserieschmiede Spohn mit einem überschweren, aber aufwendigen Blechkleid versehen. Gewicht: knapp drei Tonnen bei 140 PS, 6 Zylinder, 3,8 Liter

Der Ford-A-Roadster wurde von 1928 bis 1931 als Nachfolger des berühmten T-Modells (Tin Lizzy) in Deutschland, England und in Südamerika in Lizenz gebaut. Seine Robustheit ist legendär. 4 Zylinder, 40 PS bei 2 200 U/min, Planetengetriebe, Bremsen an allen vier Rädern

Seit 1895 sind die französischen Delahayes bekannt für fortschrittliche Technik und schwungvolle Formen. 1935 übernahm Delage die Firma. Danach entstand dieser Delahaye: Modell 135 Coupé mit Sechszylindermotor. 1949 wurde der letzte Delahaye gebaut, dann übernahm Panzerlieferant Hotchkiss die bankrotte Firma

Der schnellste Thron. Majestät fuhr selbst

Der Durchbruch zum vollwertigen Beförderungsmittel gelang dem Automobil Anfang der 20er Jahre durch fähige Konstrukteure. Autofahren war jetzt ein Kinderspiel

Am 23. Dezember 1904 wurde der Kooperationsvertrag zwischen C. S. Rolls und Royce LTD abgeschlossen. Damit begann die einmalige Erfolgsstory von R & R. Von Beginn an ging Exklusivität vor Quantität. Darunter litt manchmal der Fortschritt. Erst 1924 erhielt der Phantom I vordere, servounterstützte Bremsen. 7 668 ccm, 120 PS bei 3 000 U/min.

RF 919

Die belgischen Minerva zählten in den 20er und 30er Jahren zu den teuersten und besten Wagen Europas. Die silberne Kühlerfigur (links) ziert ein Sechszylinder-Knight-Modell von 1923. Feinmechanik beim Rolls-Royce Silver Ghost von 1925 (oben). Er wurde zwischen 1906 und 1925 nur 6 173mal gebaut

Graf Louis Vorov Zborowski ist der Erfinder der Chitty-Chitty-Bang-Bang Rekordwagen von 1921. Das Fahrgestell stammt vom Ford-T-Modell, die Motoren aus Flugzeugen: 14 700 ccm, Spitze über 200 km/h. Es gab davon drei Wagen mit bis zu 300 PS. Der feine Picknickkorb ist 60 Jahre alt und wurde den Rolls-Royce-Besitzern 1922 als Standardzubehör verkauft

Die Luxuswagen der Vorkriegszeit bestechen durch wunderschöne Details. Dieser Rolls-Royce-Öltank mit Pumpe wurde zum Abschmieren des Chassis und der Radaufhängungen alle 100 Kilometer reichlich in Anspruch genommen

Sechszylindermotoren von 7 036 bis 7 668 ccm wurden bei Rolls-Royce von 1906 bis 1935 fast unverändert geliefert. Dann erschien der V12 Phantom III (1936–1939)

Seinen Ruf als einer der weltbesten Automobilkonstrukteure errang Ettore Bugatti mit diesem Typ 23, der zwischen 1914 und 1925 1500mal verkauft wurde. Der 1496 ccm kleine Vierzylinder verfügte über 16 Ventile und eine obenliegende Nockenwelle. Dieser erste Bugatti-Serienwagen war gleichzeitig der erfolgreichste

GB
3768

Das erste Großserienautomobil der Welt war das zwischen 1909 und 1927 in über 15 Mio. Exemplaren gebaute Ford-T-Modell, hier ein 1926er Tourer aus dem ersten deutschen Ford-Werk in Berlin. Derzeitiger Weltbestand: noch immer 1,8 Mio. Exemplare

-30°
+30°
OB WINTERZEIT OB SONNENGLUT
VOLTOL
SCHMIERT ALLEMALE GUT
STELLIN
MOTOR
ZEISS
Contax
Richtungszeiger
führt Sie sicher durch den Trubel des Verkehrs
CARL ZEISS JENA
MOTOR
HANSA AUTOMOBILE
HOLT KEIN TEUFEL EIN
HANSA-AUTOMOBIL-WERKE AG
VAREL-OLDENBURG-WERKE IN
VAREL-OLDENB. UND BIELEFELD

Erst beim dritten Versuch konnte sich Henry Ford 1908 als Autoproduzent durchsetzen. Rechts das Ford-R-Modell von 1907. Henry Ford als Beifahrer. Der geniale Geschäftsmann besaß angeblich nie einen Führerschein. Auch Gottlieb Daimler ließ sich chauffieren

Ford T von 1921 (links). Einige amerikanische Staaten verlangten einen speziellen Führerschein für Ford-T-Modell-Fahrer, weil das Zweigang-getriebe mit Pedalen geschaltet wurde. Mit dem dritten Pedal wurde der Rückwärtsgang eingelegt

Renault stellte 1926 mit 173 km/h Durchschnittsgeschwindigkeit einen für damalige Zeiten sensationellen 24-Stunden-Weltrekord auf. Der 12,5-Liter-Sechszylindermotor brachte bei 1 500 U/min über 200 PS auf die Räder

Henry Ford nutzte die kostenlose Werbung durch Spielfilme und Stuntshows geschickt aus. Oben eine Filmszene mit Oliver Hardy und Stan Laurel im Ford T von 1913 und rechts ein britisches T-Modell von 1921 als Kletterkünstler

Das letzte Ford-T-Modell von 1927, ein offener Tourer zum Preis von 480 Dollar. Der preiswerteste T wurde 1923 für 260 Dollar angeboten

Bis 1911 bestand das Ford-T-Modell aus einer Holzkarosse auf einem soliden Leiterrahmen. Dann erkannte Ford die Produktionsvorteile von Metallblechen. Statt Messingrahmen wurden Stahlprofile verwendet, das alles senkte die Kosten und verhalf der Menschheit zum ersten wirklich preiswerten Automobil. Innerhalb der ersten 15 Produktionsjahre sank der Verkaufspreis nach und nach um 590 Dollar

Auch Fiat hatte vor dem Krieg eine treue Luxuskundschaft, die vor allem an den sportlichen starken Tourenwagen interessiert war. Dieser Fiat 520, der erste mit Linkslenkung, war sehr erfolgreich. Von 1928 bis 1930 wurden 21 000 Stück verkauft. Es war der erste Fiat, der in Deutschland ausgeliefert wurde

MARTINI
DER STEIGER

DIE WELT HAT EINEN NEUEN
UND BESSEREN WAGEN
16 Modelle stehen zu Ihrer Verfügung - ein Genie schuf sie, der Zeit vorauseilend - unübertroffen in der Linienführung und Eleganz, einer schöner als der andere - Meisterwerke der Technik
Einer wird bestimmt auch Ihr Typ sein:
Wir zeigen unsere Wagen auf Stand der Intern. Automobil-Ausstellung Berlin
61
NASH
MODELL 1929

Der neue
Maybach
mit Schnellgang

Als andere noch-
im stillen Laboratorium sassen, um die jüngst geborene Glühlampe für das praktische Leben brauchbar zu machen,- da bauten wir schon Automobile! -
Dieser Geist, der vom ersten Tage an die Menschen unseres Werkes beseelte, der immer um eine Spanne voraus ist, hat uns den Weltruf gebracht.
Er drückt sich täglich neu in jedem Fahrzeug aus, das unser Werk verlässt und er hat unseren Namen zum Inbegriff eines Sondererzeugnisses gemacht,
4 SITZIGES CABRIOLET D. TYP „STUTTGART 260" 10/50 PS
den Namen
MERCEDES-BENZ.
Internationaler Wert zum günstigsten Preis!

Diese Farbanzeigen druckte Ende der 20er Jahre die führende deutsche Autofachzeitschrift „Motor“ ab. Die Auflage betrug bescheidene 8 000 Exemplare. Aufwendig gestaltete Zeichnungen brachten das Auto in direkten Zusammenhang mit mondänem Lebensstil. Werbung war schon damals nichts anderes als geschickte Verführung

Der fortschrittlichste europäische Sportwagen war 1923 dieser Mercedes Typ 10/40/65 mit Kompressoraufladung. Vier Zylinder, 2 614 ccm, bei 2 800 U/min 65 PS. Die Höchstgeschwindigkeit lag bei 135 km/h. Der niedrige Schwerpunkt sorgte bei den großen Straßenrennen für Siege auch gegen um etliche PS stärkere Wagen. 1923 druckte Daimler sein eigenes Inflationsgeld

50 Milliarden
Gutschein Serie G №111171
Fünfzig Milliarden Mark
zahlen die Kassen der Daimler-Motoren-Gesellschaft in Stuttgart-Untertürkheim und Sindelfingen gegen diesen Gutschein dem Überbringer. Mit dem Ablaufe des 22. Dezember 1923 verliert dieser Gutschein seine Gültigkeit.
Stuttgart, 2. November 1923.
Daimler-Motoren-Gesellschaft
DAIMLER

Die feine englische Gesellschaft ließ sich 1925 mit dem Rolls-Royce 20 hp zum Picknick einladen

Die heimliche Liebe der göttlichen Greta Garbo gehörte ihrem Phantom I. Geräuschloser schwebte kein anderes Automobil jener Zeit über die holprigen Straßen Englands. Selbstverständlich war die Verarbeitung unvergleichlich solider als bei dem in etwa 11 Minuten und 40 Sekunden zusammengesetzten Ford-T-Modell

Bereits in den frühen 20er Jahren akzeptierten selbst konservativ eingestellte Menschen das Automobil. Die Pferdekutschen bestimmten zunehmend nur noch in rückständigen Weltgegenden das Straßenbild. Das Automobil war nach dem Ende des Ersten Weltkriegs zum festen Bestandteil der Gesellschaft geworden. Dennoch benutzten die wirklich Wohlhabenden für längere Reisen komfortable Luxuszüge der Firma Pullmann, und die Reichen buchten im Büro von Thomas Cook Schiffspassagen rund um die Welt.

Autofahren war auf den holprigen, staubigen Überlandstraßen kein Vergnügen. Die ersten Greyhound-Schnellbusse benötigten geschlagene drei Wochen für die Fahrt von New York nach San Francisco. Im Winter waren manche Busreisende fünf Wochen unterwegs. Mit dem Luxusdampfer war die Seefahrt via Panamakanal mit zehn Tagen Reisedauer entschieden komfortabler und zeitsparender als mit dem eigenen Wagen oder mit dem Überlandbus. Dennoch ließ sich der automobile Fortschritt nicht aufhalten.

Viele Erfindungen aus jener Zeit des euphorischen Aufbruchs sind bekannt, manches ist aber längst vergessen. Klappern gehört zum Geschäft – die schnellebige Autoindustrie vermittelt heute dem Interessierten das schöne Gefühl, etwas besonders Wertvolles, ja Einmaliges zu besitzen. Manche dieser „bahnbrechenden" Neuheiten sind freilich ein alter Hut. Im folgenden möge die Beschreibung einiger automobiltechnischer Raffinessen jener Zeit erhellen, wie verblüffend nahe man schon damals heutigen Problemlösungen war.

Zum Beispiel die Zylinderabschaltung. Schon 1905 ließen sich beim amerikanischen Sechszylinder Sturtevant drei Zylinder abschalten. Beim Zwölfzylinder Enger von 1917 konnten sechs Zylinder außer Dienst gesetzt werden, und beim Achtzylinder Cadillac von 1930 unterbrachen vorübergehend vier Zylinder die Arbeit.

Das schwierigste Problem vor der Erfindung der synchronisierten Getriebe war die Gangschaltung. Nicht für die Fahrer von Premier-Wagen, einer der über 100 innovativen amerikanischen Automobilfirmen, die unter eigenem Namen PKW's zusammenbaute. Schon 1920 wurden die vier Vorwärtsgänge mit einem elektrischen Vorwahlgetriebe ausgerüstet. Beim späteren Maybach DS8 Zeppelin wurden die Gänge am Lenkrad vorgewählt und mittels einer Ölhydraulik halbautomatisch eingerückt. Ganz ohne Kupplungspedalbetätigung, dafür aber mit zusätzlichen drei Rückwärtsgängen. Mehr davon auf den Seiten 100 bis 105.)

Mit einem „vollautomatischen Getriebe waren die Owen Magnetic von 1914 bis 1922 ausgerüstet. Der Benzinmotor trieb einen Stromgenerator an. Der eigentliche Antrieb war damit ein Elektromotor, der stufenlos arbeitete. Die Luxuswagenfirma warb deshalb mit dem griffigen Slogan: „The car of a thousand speeds" (Der Wagen mit tausend Gängen). Das erste vollautomatische hydraulische Getriebe lief im Oldsmobile von 1940: die Hydramatic.

Auch mit den Bremsen gingen die Automobilkonstrukteure unterschiedliche Wege. Mancher britische Nobelwagen wurde noch 1930 ohne Vorderradbremsen geliefert, während der amerikanische Hudson schon 1927 mit hydraulischen und zusätzlichen mechanischen Vierradbremsen ausgestattet war. Bei Hudson wurde übrigens von 1912 bis 1954 die Kupplung mit Kork belegt und lief im Ölbad.

Ganz ohne Ventil fuhren schon 1911 die Amplex-Wagen aus Indiana. Eine Entwicklung, die in den 30er Jahren bei den französischen Voisin Verwendung fand und heutzutage bei einem Zwölfzylinder-Rennmotor bei Formel-1-Rennen versuchsweise wieder eingesetzt wird. Die Besitzer eines Adams-Farwell aus Dubuque, Iowa, wurden mit einem Fünfzylindermotor beglückt, der sich horizontal um die Antriebswelle drehte. Die einzelnen luftgekühlten Zylinder saßen auf einem großen Getriebering.

Der Mythos Rolls-Royce wird mit britischer Hartnäckigkeit bis heute gepflegt

Gut zwei Drittel aller jemals vor dem Zweiten Weltkrieg ausgelieferten Rolls-Royce-Wagen sind noch in einem tadellosen Zustand. Hier eine Parade zum 27jährigen Jubiläum

Wer erinnert sich heute noch daran, daß im Rickenbacker von 1925 das erste Sicherheitsglas mit integrierten Metalldrähten verwendet wurde? Die Erbauer des Columbia Six von 1924 gelten als „Erfinder" des ersten thermostatisch geregelten Kühlkreislaufs. Ganz ohne Wasserkühlung kam der Waterless Knox aus Procupine aus. Zwischen den sechs Zylinderwänden waren hunderte von dünnen Abstandshaltern angebracht, die die Motorwärme abführten.

Die Oldsmobile-Mannen verwendeten als erste Chrom beim 1925er Modell. Beim längst vergessenen Apperson, Slogan: „The eight with eighty less parts" (Der Achtzylinder mit achtzig weniger Teilen), sorgte schon 1926 ein elektrischer Heizofen mit Ventilator für einen wohltemperierten Innenraum.

Wie schnell man historische Erstleistungen vergißt, zeigt die Geschichte. 1950 gab es beim Rambler die ersten serienmäßigen Sicherheitsgurte, die von der Kundschaft schlicht abgelehnt wurden. Rambler ging bankrott. Ein Jahr später wurden bei Chrysler und Buick die ersten serienmäßigen Servolenkungen vorgestellt, heute eine Selbstverständlichkeit. Damals urteilte das renommierte Bastlermagazin „Hobby": „Das Gefühl für die Straße geht verloren, hoffen wir, daß diese Erfindung bald wieder verschwindet."

Für technisch weniger begabte Zeitgenossen ging das Werbekonzept der berühmten Sears-Warenhauskette zum Glück nicht auf. Sie verkauften ihren Sears-Spezial in der Kiste, frei lieferbar an jede amerikanische Bahnstation. Der Besitzer mußte den Wagen selbst zusammenbauen. Manchmal waren es die „kleinen" Erfindungen, die für mehr Sicherheit und Komfort sorgten. Der Studebaker von 1914 war mit der ersten Benzinanzeige am Instrumentenbrett ausgerüstet. Zuvor wurde mit einem Meßstab oder Schauglas (Steigrohr) der Verbrauch überprüft. Der Pakkard von 1915 verwöhnte den Fahrer mit dem ersten Luftfilter mit auswechselbaren Filterpatronen. Pakkard war sich seiner Sache sicher: „Ask the man who owns one" (Frag den Fahrer, der einen besitzt).

Mehr auf Sicherheit bedacht, kreierten die Westcott-Automobilwerke in Springfield Ohio 1915 die ersten serienmäßigen Stoßstangen am Wagenbug und -heck: „The car with a longer life" (Der Wagen mit dem längeren Leben). 1925 ging die Firma dennoch in Konkurs.

Vor 1920 gab es in Amerika 1218 Benzinwagenmarken sowie 124 Dampfwagenhersteller und 84 Elektrowagenfabrikanten. Manche erreichten Weltruhm, die meisten sind aber längst vergessen. 1915 erfreuten schon 1 Mio. Ford-Wagen die Menschheit, während Chevrolet erst 1949 die Marke von 1 Mio. erreichte.

Mitte der 20er Jahre wurde fast jeden Tag eine neue amerikanische Automobilfirma aus der Taufe gehoben. Manchmal steckte ein guter Name dahinter. So entstanden der La Salle bei Cadillac, der Jewett bei Paige, der Marquette bei Buick, der Ajax bei Nash oder der Roosevelt bei Marmon. Oldsmobile-Arbeiter setzten den Viking zusammen, und die bekannten Erskine sind ein Produkt von Studebaker. Bei Chandler gingen die Cleveland und Hudson an den Kunden. Walter Chryslers Wagen wurden als Maxwell Chalmers bis 1924/25 verkauft. Erst die Weltwirtschaftskrise Anfang der 30er Jahre sorgte für eine Flurbereinigung unter den amerikanischen Automobilherstellern. Mit auf der Strecke blieben so hervorragende Namen wie Franklin (1934), Gardner oder Hupmobile. Die Produktion der Kissel-Speedster und -Luxuslimousinen wurde 1931 eingestellt, weil damals viele amerikanische Autofahrer von einem Kissel oder gar dem Marmon nur träumen konnten: 16 mattlackierte Zylinder, 200 sanft schnurrende PS und ein Drehmoment, das im letzten Gang ein ruckfreies Beschleunigen von 15 auf 170 km/h erlaubte. Die Perlen der amerikanischen Autoindustrie gingen in dieser Epoche meist unter, der solide Durchschnitt überlebte.

Glanz und Elend der 30er Jahre

Zwischen 1931 und 1938 entstanden in Amerika die prachtvollen Automobile der Classic-Car-Ära. Der luftgekühlte Franklin galt als technische Sensation

Die luftgekühlten Franklins wurden von 1902 bis 1934 in Syracuse bei New York gebaut. Die Firma war auf anspruchsvolle Kundschaft eingestellt. Unter den Franklin-Fahrern befanden sich der Flugzeugfabrikant Donald Douglas und der Flieger Charles Lindbergh: im Bild der Zwölfzylinder mit Karosserie von Le Baron

Die berühmten Franklin-Sechszylindermotoren sind alle luftgekühlt. 100 PS bei 3100 U/min (Olympic), 130 km/h. Die Franklin-Getriebe haben sich auch als Flugzeug- und Helikoptermotoren bewährt, nachdem die Patente für die Luftkühlung von anderen Firmen übernommen wurden

Sechzig Jahre nach seiner ersten Vorstellung beim New Yorker Automobilsalon 1928 wirkt der Duesenberg J noch genauso faszinierend wie damals. Sein 6,9 Liter großer und 265 PS starker Achtzylinderreihenmotor war gut 80 PS kräftiger als beispielsweise die Bentley Speed Six und auch besser bestückt als der unschlagbare Mercedes SS Kompressorsportwagen mit 225 PS. Duesenberg war der erste Serienwagen mit vier hydraulischen Trommelbremsen

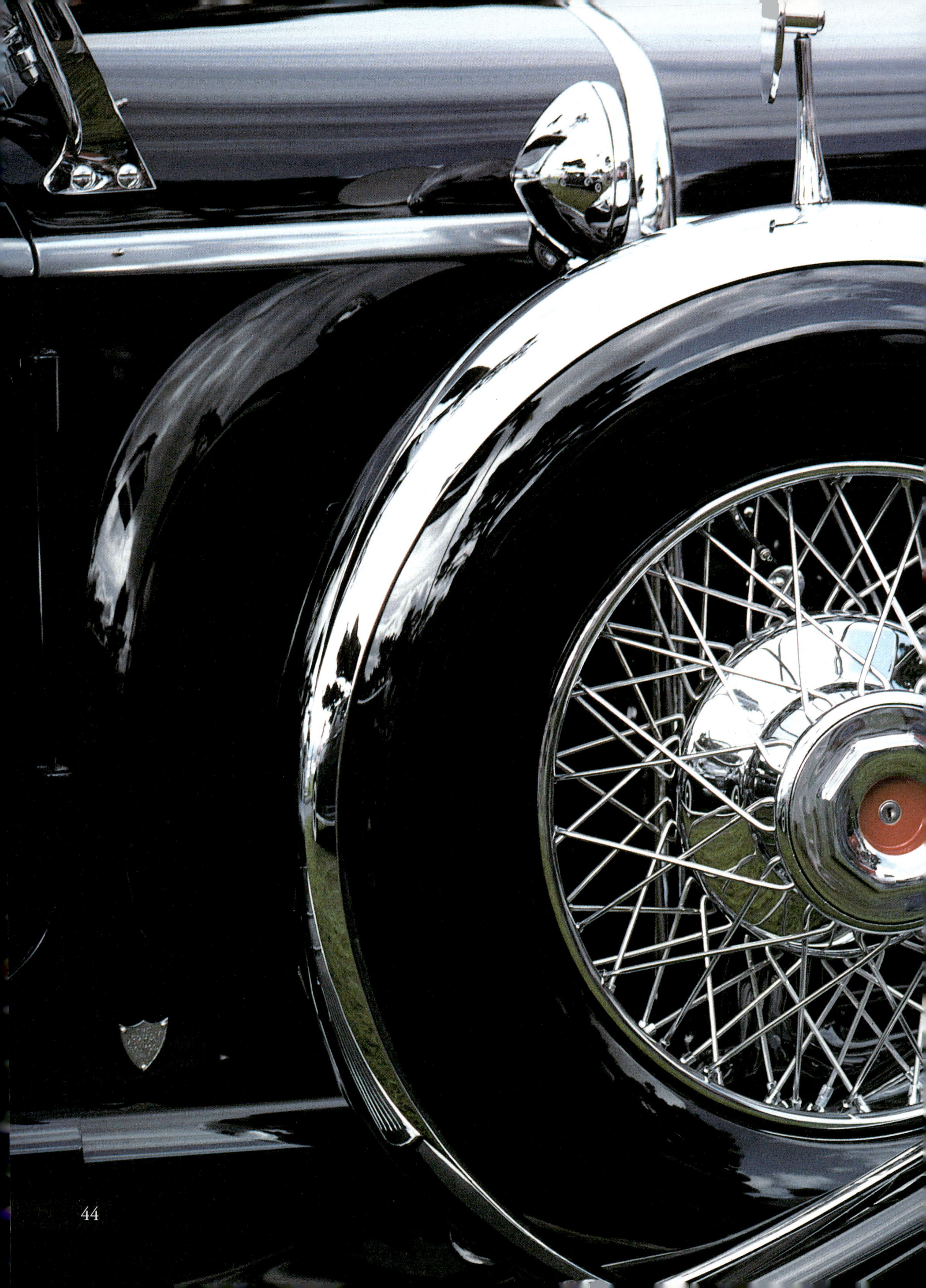

Duesenberg Modell J von 1931. Der stärkste, teuerste und schnellste Wagen Amerikas war auch im Detail so brillant wie diese formvollendete Motorhaube mit Ersatzrad. Der Wagen war schon damals etwa 40mal so teuer wie ein Ford-A-Roadster

Weil H. H. Franklin felsenfest davon überzeugt war, daß seine luftgekühlten Sechszylindermotoren jeder Belastung standhalten würden, fuhr dieser 100-PS-Wagen im 1. Gang nonstop von Washington nach San Francisco rund 5 000 km

Mitte der 30er Jahre konnten sich nur wenige wohlhabende Amerikaner einen Duesenberg leisten. Dieser Typ J wurde von Derham modern eingekleidet. Einige Duesenbergs wurden alle zehn Jahre mit einer neuen Karosserie versehen

Walter Chrysler arbeitete einige Jahre für verschiedene Autofirmen, dann zog er 1924 die Selbständigkeit vor. Dieser Achtzylinder-Le-Baron von 1932 war ein großer Erfolg. 1940 starb Chrysler; er war der drittgrößte Autoproduzent Amerikas

Harry C. Stutz gilt als profiliertester Sportwagenhersteller Amerikas vor dem Zweiten Weltkrieg, gefolgt von Duesenberg. Hier ein Achtzylinder-Stutz mit vier Ventilen je Zylinder, obenliegender Nockenwelle, vier hydraulischen Bremsen, Spitze über 160 km/h, Le-Baron-Karosserie

Eine absolute Rarität ist dieser 1930er Ruxton. Die Lackierung ist original. Vorderradantrieb, Continental-Achtzylinderreihenmotor, 100 PS, Budd-Chassis

Der Marmon V16 ist der erste amerikanische Sechzehnzylindermotor. Dieses Modell von 1931 leistet 200 PS bei 7 917 ccm und ist eine gute Million Dollar wert

Die Auburn-Speedster galten in den 30er Jahren als heiße Öfen. Neben der Achtzylinderausstattung mit und ohne Kompressoraufladung gab es einen 160-PS-V12 von Lycoming für 975 Dollar (Bild). Der Auburn-Speedster ist eine Marke des Auburn-Cord-Duesenberg-Imperiums von Errett Lobban Cord. 1937 wurde die Firmengruppe aufgelöst

ANTIQUE
LAND OF LINCOLN
9067
84 ILLINOIS 85
VEHICLE

Packard V12 Le Baron von 1934, Mitte der 30er Jahre der Inbegriff eines luxuriösen Reisewagens (großes Bild). Auch amerikanische Präsidenten fuhren den Zwölfzylinder von Packard. Der schwarze Cord L-29 war zwischen 1929 und 1932 eine Sensation: Frontantrieb, 165 km/h Spitze, 8 Zylinder, 125 PS, Lycoming FDA-Reihenmotor

Einen der größten Flops der Autogeschichte leistete sich Chrysler 1934 mit dem Imperial Airflow (oben). Technisch war dieser Siebensitzer Spitzenklasse, aber die Stromlinienform war damals zu gewagt

Der Chrysler Newport durfte als Indianapolis-Pace-Car 1941 das 500-Meilen-Rennen anführen. Die Entwicklung geht auf 1939 zurück. 135 PS, V8-Reihenmotor. Der Wagen blieb ein Einzelexemplar

Der V12-Pierce-Arrow galt 1933 als modernster Luxuswagen Amerikas. Er wurde als „Der Silver Arrow" bekannt

Die aufregendsten Karosserien zeichnete die französische Firma Fernandez Mitte der 30er Jahre für amerikanische und europäische Kunden. Oben ein Renault Nervastella von 1935. Neunlitermotor mit 160 PS

Dieser 1934er La Salle galt als besonders fortschrittliche Konstruktion: V8, 120 PS, Knopfdruckstarter und Handbremse links unter dem Armaturenbrett. Das war neu in Amerika. La Salle war eine Cadillac-Tochter

Der Buick Roadmaster von 1939 war mit einem elektrischen Richtungsanzeiger in Form des Firmenemblems auf der Heckklappe ausgestattet. Die halbintegrierten Scheinwerfer galten als todschick und bestimmten die Haifisch-Kühlergrills der 40er Jahre

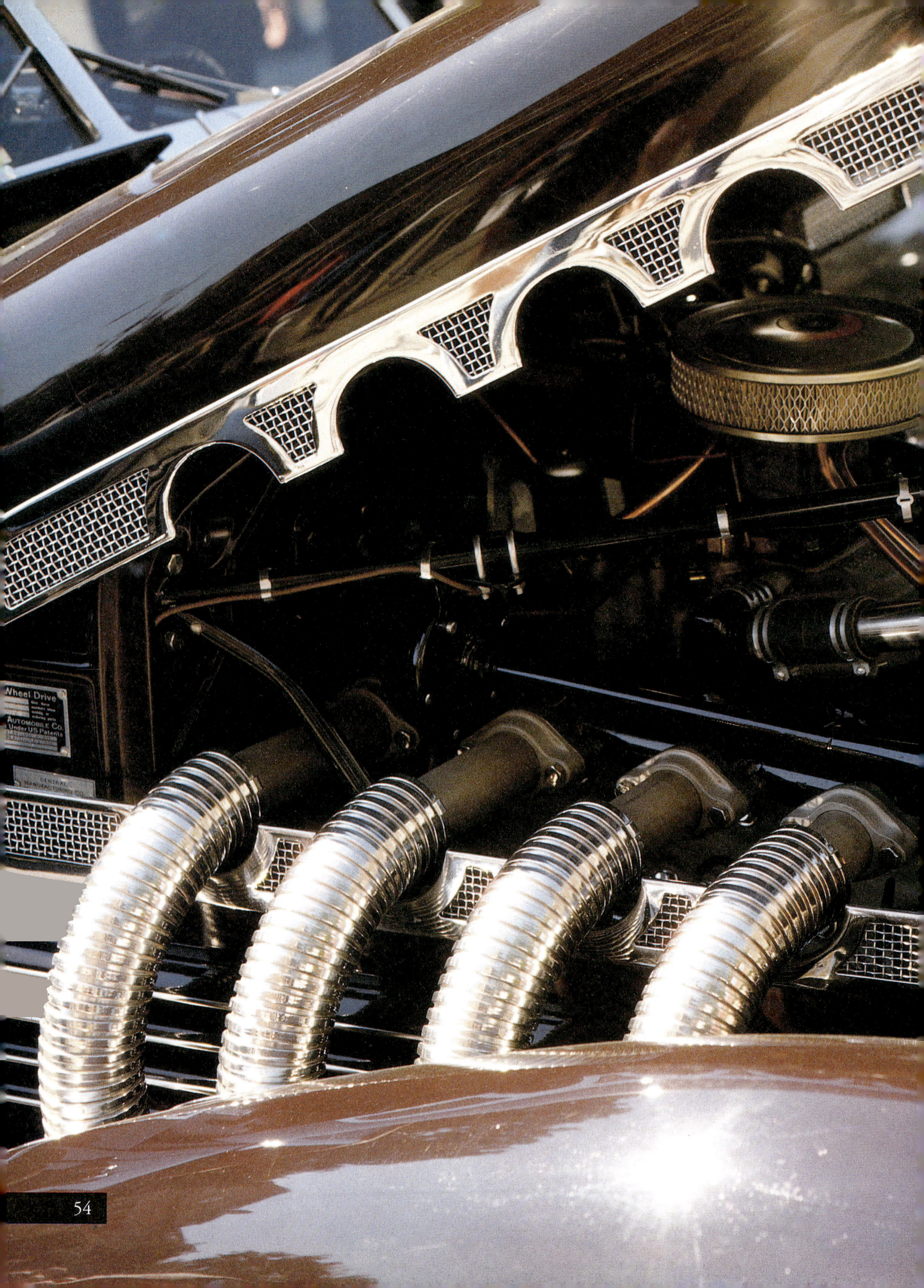
Wheel Drive
Automobile Co.
Under US Patents

Der technisch gewagteste Wagen der 30er Jahre ist der Cord 812 mit 125-PS-V8-Motor und Frontantrieb. Eine Konstruktion, die ihrer Zeit weit voraus war, gebaut von Gordon Buehrig 1935. Dieser bildschöne Motor ist die Kompressorausführung mit 160 PS, erkennbar an den Auspuffrohren

Präsident Theodore („Teddy") Roosevelt fuhr am liebsten einen Baker-Elektrowagen. Die bedienungsfreundlichen Autos waren besonders für kurze Strecken geeignet und standen hoch in der Gunst der chauffierenden Damenwelt.

Ein anderer Wagen des Präsidenten, der wuchtige White-Dampfwagen, verwöhnte Amerikas Nr. 1 mit einem „stufenlosen" Getriebe. Bei den großen Paraden nahm „Teddy" in einem seiner zwei Pierce Arrows Platz. Das war 1909 der ganze Wagenpark der Regierung.

Anfang der 30er Jahre durfte Amerikas Präsident bereits unter 28 Nobelmarken auswählen. Standesgemäß erschien Präsident Hoover ein Sechzehnzylinder-Cadillac vom Typ 452 mit 185 PS bei 3 400 U/min. Seine Vorgänger Harding und Coolidge wählten den in Fachkreisen weit besser eingeschätzten Pierce Arrow mit Reihenachtzylinder- oder V12-Motor und 150 PS aus. Der Zwölfzylinder war besonders vibrationsarm.

Franklin Roosevelt zog Zwölfzylinder-Packards vor. Die nachfolgenden Secret-Service-Wagen wurden von Pierce Arrow mit Straight Eight (Achtzylinder-Reihenmotoren) geliefert. 1933 tauchte dann zum ersten Mal ein Lincoln V12 als zusätzliches Sicherheitsfahrzeug in historischen Berichten auf.

Weltstädtisches Flair, Abenteuer und Mode – das sind die amerikanischen 30er Jahre

Walter Chryslers wuchtiger Imperial Eight (rechts) galt 1931 als eines der feudalsten Fortbewegungsmittel. Flexible Motoraufhängung, Kupplungsautomatik und zuschaltbarer Freilauf erhöhten den Fahrgenuß

Dahinter steckte Henry Ford und sein Einfluß auf die amerikanische Regierung. Der größte und mächtigste Automobilhersteller der Welt wollte den amerikanischen Präsidenten in einem Ford Lincoln sehen. 1939 war das Geschäft unter Dach und Fach. Das Weiße Haus orderte auf Leasingbasis einen Lincoln mit den gewaltigen Maßen von 7,09 Metern Länge und einer Breite von 2,05 Metern. Das schwarze Ungetüm überragte mit seinen 1,94 Metern den Präsidenten und seine Gefolgschaft. Als „Sunshine Special" ging dieser Lincoln in die amerikanische Geschichte ein. Mit entsprechenden Extras wog der „Sunshine Special" stolze 4,3 Tonnen. Die Karosserie entstand in Handarbeit bei der Firma Brunn und wurde mit 4 950 Dollar abgerechnet. Die Gesamtkosten beliefen sich auf 8 348 Dollar und 74 Cent. So preiswert konnte Reklame auch damals schon sein. Der „Sunshine Special" stand bis 1950 im Dienst der amerikanischen Regierung. Alle weiteren Präsidentenwagen wurden bei Ford bestellt.

Über die tatsächlich luxuriösesten und teuersten Wagen der 30er Jahre konnten die Präsidenten aus politischen Gründen nicht verfügen. Obwohl die Gebrüder Duesenberg jede Schraube ihrer phantastischen Luxuswagen in Amerika fertigen ließen, galten sie immer noch als deutsche Einwanderer. Neben dem Bugatti Royale, von dem nur sechs Stück entstanden, waren die Duesenberg J die teuersten Wagen jener Zeit: 8 590 Dollar war der Grundpreis für Chassis und Motor. Für die Karosserie mußten noch einmal etwa 8 000 bis 12 000 Dollar bereitgestellt werden. Mit 20 000 Dollar ließen sich drei Packard V12 oder zwei Cadillac V16 bezahlen, dabei lief der Duesenberg J nur mit acht Zylindern. Die allerdings erschütterten die Automobilwelt bis ins Mark. 265 PS gegen die maximal 150 PS der Zwölf- und Sechzehnzylinder-Konkurrenz.

Mitten in der bis dahin bedeutendsten Wirtschaftskrise (1932) stellte Duesenberg das Modell SJ mit Roots-Kompressor vor. 320 PS und eine Höchstgeschwindigkeit von über 205 km/h waren Leistungsdaten im Bereich der Träume. Der Grundpreis für Motor und Chassis lag jetzt bei 15 000 Dollar. Der Blechcouturier verlangte noch einmal die gleiche Summe für die standesgemäße Karosserie. Für dasselbe Geld gab es 64 Ford Coupés mit Achtzylindermotor. Nach den Unterlagen des Duesenberg-Museums in Auburn/USA gab Duesenberg die tatsächliche Leistung und Höchstgeschwindigkeit seiner Modelle nie an. Die heute bekannten Leistungsdaten stammen vom Motorenlieferanten Lycoming, der die Motorblöcke lieferte. Bei Duesenberg wurden die Motoren vervollständigt und eingefahren. Duesenberg ließ die Motoren fast 100 Stunden einfahren, bevor Motor, Getriebe und Chassis als fahrbare Einheit an die Karosseriehersteller ausgeliefert wurde.

Das schwächste Duesenberg Modell J von 1928 wurde im Dezember 1928 vom „Trade Magazin“ in viersitziger offener Tourerausführung getestet. Die beiden Testfahrer erreichten schon mit dem 2. Gang 147 km/h (89 mph), 191,63 km/h (116 mph) waren es im 3. Gang. Die Windschutzscheibe war nicht etwa aerodynamisch flach, sondern sie stand auch bei dieser Geschwindigkeit senkrecht, weil

Die Auburn-Speedster wurden in makelloser Qualität zu Spottpreisen verkauft. Der Preis von 1895 Dollar im Vergleich zum 4900 Dollar teuren Stutz Bearcat ruinierte den Ruf des billigen Auburn

die Außentemperatur nur acht Grad Celsius betrug und die Testfahrer erbärmlich froren. Die absolute Spitzengeschwindigkeit wurde auf den beiden zu kurzen Geraden nicht erreicht. Der Testwagen war das erste Duesenberg-J-Modell und hatte schon einige tausend Fahrkilometer hinter sich.

Der nachfolgende aufgeladene Duesenberg SJ Speedster erreicht mühelos 130 mph oder etwa 215 km/h bei 4100 Umdrehungen. Die Duesenberg SJ waren mit Sicherheit die schnellsten, stärksten und auch die teuersten Wagen jener Zeit, die in Serie produziert wurden. Die Auktionspreise liegen 1989 bei 5 bis 10 Mio. DM, je nach Ausführung.

Technisch gesehen waren die Duesenberg J/SJ den amerikanischen Herstellern von Luxussportwagen und Limousinen nicht überlegen. Der Achtzylinder-Kompressormotor ist im Vergleich zu einem Sechzehnzylinder-Marmon oder -Cadillac-Motor herzhaft laut. Beim Gasgeben klirren die Gläser in der Vitrine. Ein kaum getarnter Rennmotor im luxuriösen Kleid.

Weil sich die Gebrüder Duesenberg in erster Linie als Motorkonstrukteure fühlten, gingen sie in technischen Details neue Wege. Das Getriebe bestand aus fünf Gängen mit zwei „leeren" Gangstufen. So standen nur drei Vorwärtsgänge zur Verfügung, die sich durch die leere Schaltkulisse geradeaus (nicht in H-Form) einlegen ließen. Dadurch war ein Hinauf- und Herunterschalten der Gänge einfacher. Ein ähnliches System verwendet Mc Laren in seinen Formel-1-Rennwagen.

Bei der Benzinversorgung wurde erstmals ein zweistufiger Schebler-Vergaser verwendet. Im Standgas und bei langsamer Fahrt wird das Luftgemisch über die erste Drosselklappe gesteuert. Beim Beschleunigen wird die zweite Drosselklappe aktiviert. Damit erhält der Motor je nach Bedarf das richtige Benzin-Luft-Gemisch. Mit diesem Vergaser konn-

ten die überstarken Motoren auch von weniger rennsporterfahrenen Chauffeuren ruckfrei bedient werden. Der Spritverbrauch liegt beim 320 PS Motor zwischen 28 und 36 Litern, was für damalige Verhältnisse nicht sonderlich hoch war.

Anfang der 30er Jahre gehörte es zu den gewohnten Inspektionsaufgaben, das Chassis mit seinen Gelenken regelmäßig abzuschmieren. Nicht alle 5 000 Kilometer, sondern alle 100 Kilometer! Mit etwa 8 bis 32 Schmierstellen war diese schmutzige Arbeit kein reines Vergnügen. Nicht so bei Duesenberg. Alle J/SJ-Wagen verfügten über eine Zentralschmierung, die vom Armaturenbrett aus kontrolliert wurde. An dem zentralen Schmiersystem waren sämtliche Chassisschmierpunkte angeschlossen. Die Achsgelenke und selbst die Stoßdämpferhalterungen wurden regelmäßig alle 75 Meilen (123 Kilometer) vollautomatisch mit Öl versorgt.

Die Ölpumpe wurde über einen Nebenantrieb mit Kettenübertragung angetrieben. Am Instrumentenbrett konnte der Fahrer dann folgende Daten ablesen: Funktion der Schmierölpumpe o. k., Ölreservoir voll, Warnlicht, wenn leer. Nach 700 Meilen verlangte ein zusätzliches Warnlicht nach einem Ölwechsel. Eine weitere Anzeige zeigte dem Fahrer den Säurestand in der 160 Ampere starken Batterie an.

Die preiswerten Auburn-Speedster erzielten viele Langstrecken-weltrekorde

Auburn schrieb seinen Speedstern die Geschwindigkeit eines Flugzeugs, den Luxus einer Yacht und den Komfort einer Couch zu. Der Golfschläger lag in einem separaten Kofferraumfach. Die meisten Auburn-Speedster wurden ohne Verdeck gekauft. Auch Marlene Dietrich hatte einen Sunny California

Das ist aber noch lange nicht alles. Duesenberg-Chauffeure wurden mittels eines Tachometers bis 150 Meilen und eines Drehzahlmessers bis 5 000 Umdrehungen über die Leistung des Motors informiert. Während zu jener Zeit Bremsversagen als Macht des Schicksals oft hingenommen wurde, bestückte Duesenberg seine Wagen mit einem Bremsdruckmeßgerät, mit dem vom Armaturenbrett aus Abrieb und Belägeerhitzung festgestellt werden konnten. Schließlich sorgten außerdem ein Amperemeter, ein Benzinmeßgerät, ein Zentralschalter für die elektrische Anlage und ein Höhenmesser für die absolute Kontrolle von Motor und Chassis.

In seiner Art ist der Duesenberg J/SJ wirklich einmalig. An sich war der Bankrott damit schon vorprogrammiert. Das Einmalige verkaufte sich eben nur 36mal. Der letzte Wagen wurde 1937 an einen indischen Maharadscha geliefert, dann gingen die Lichter im gelbbraunen Backsteingebäude in Auburn aus. Das Ende einer fast unwirklichen Ära.

Schlachtschiff auf vier Rädern

Gekrönte Häupter fuhren in den 30er Jahren mit gepanzerten Staatskarossen über Land. Dieser Mercedes 770 von 1935 gehörte dem japanischen Kaiser Hirohito

Rennwagentechnik für die Serie. Der Achtzylinder-540-K-Spezial-Roadster besticht durch Leistung (160 PS) und durch die ideale Verbindung von Sportlichkeit und Luxus. Oben ein SSK-Rennmotor, rechts das perlmuttbesetzte Armaturenbrett

Zur Berliner Automobilausstellung 1934 stellte Daimler den ersten serienmäßigen Heckmotorwagen vor. Aus dem Typ 130 entstand 1935 dieser Typ 150 Sportroadster für die „2 000-Kilometer-Fahrt", damals die wichtigste Zuverlässigkeitsprüfung. 4 Zylinder, 1 498 ccm, 55 PS, 140 km/h. Der Typ 150 hat einen Mittelmotor, dadurch ist die Achslastverteilung günstiger als beim Heckmotorwagen

BEN

Bentley 4,5-Liter-Rennmotor. Bentleys Ruf als äußerst zuverlässiger Langstreckenwagen ist diesem bildschönen Vierzylinder zu verdanken, der von 1927 bis 1931 fast jedes bedeutende Rennen gewann. 100 PS, 3 500 U/min, Verdichtung 5,1:1, 4 Gänge. Die 2 SU-Vergaser sind aus Messing. Von diesem Wagen wurden nur 665 Exemplare verkauft

Wie keine andere englische Firma sorgte Walter Owen Bentley mit seinem legendären „Bentley-Boys“-Rennteam für internationale Langstreckenerfolge. Fünf Le-Mans-Siege sprechen für die Robustheit dieser rund 2,5 Tonnen schweren Boliden. Hier ein 4,5 Liter von 1931

2e GRAND PRIX
AUTOMOBILE
MONACO
6 AVRIL 1930
ROLLS-ROYCE
& BENTLEY
TLEY

BMW begann erst 1928 mit der Automobilproduktion. Damals wurde der englische Austin Seven in Lizenz als BMW-Dixie hervorragend verkauft. 1934 war dieser 315/1, 6 Zylinder, mit 40 PS und gut 170 km/h Spitze, der ideale Sportwagen für den Privatfahrer (großes Bild). Gesamtsiege bei der Internationalen Alpenfahrt wurden gegen 5mal so starke Kompressorwagen erzielt. Aus dem 315 entstand der fast unschlagbare BMW 328 von 1938

Durch und durch britisch ist der 3-Liter-Lagonda-Sporttourer von 1932 (ganz links). Lagonda gewann 1935 die 24 Stunden von Le Mans. Im Lagonda wurden ab 1931 die berühmten Maybach-Vorwählgetriebe verwendet. 3 181 ccm, 6 Zylinder, 120 PS. Lagonda wurde mehrfach von anderen Firmen gekauft und ging 1947 zu Aston Martin über. Der stärkste Motor der klassischen englischen Sportwagenära der 30er Jahre ist dieser seltene 8-Liter-Bentley-Kompressor (links), 6 Zylinder, 7 982 ccm, 225 PS, Spitze 170 km/h. Davon wurden zwischen 1930 und 1932 100 Stück ausgeliefert

Von 1930 an experimentierten fast alle deutschen Autofirmen mit Stromlinienkarosserien. Dieser Mercedes-Autobahnkurier Typ 320 entstand 1938 und wurde damals für 9 000 RM als Stromlinieninnenlenker verkauft. 3,2 Liter Hubraum, Sechszylinderreihenmotor, 78 PS, etwa 135 bis 145 km/h. 1938 wurden bei Daimler acht völlig unterschiedliche Modellreihen angeboten. Vom 170-H-Heckmotorwagen über die Mittelklasse mit Frontmotor bis zum rasanten 540 K Sportroadster und dem „Großen Mercedes“ vom Typ 770

Bugatti Royale – das größte und teuerste Auto der Welt. Zwischen 1929 und 1933 wurden nur sechs Stück gebaut. Heutiger Auktionspreis: 16 bis 20 Mio. Dollar. Die 12,7-Liter-Aggregate wurden später bei der französischen Eisenbahn als Triebwagenmotoren eingesetzt

Kein Hispano Suiza gleicht dem anderen. Jedes Teil ist Handarbeit. Deshalb wurden die Besitzer mit einer genauen Aufstellung der Handwerker bedacht, die beispielsweise für den linken oder rechten Kotflügel verantwortlich zeichneten. Das brettharte Stahlblech wurde in tagelanger Arbeit über einem Holzblock geformt. Spachtelmasse war 1938, als dieser 220 PS starke Zwölfzylinder entstand, noch nicht bekannt

Delahaye war die erste europäische Firma, die abnehmbare Zylinderköpfe fertigte. Dieser Sechszylinder aus der 135er Typenreihe wird durch große Doppelvergaser versorgt. 130 PS, 3 557 ccm. Delahaye-Delage entwickelte auch Zwölfzylindermotoren mit 10 Liter Hubraum

Dieser Delahaye 135 wurde Ende der 30er Jahre entwickelt und bis 1949 verkauft. Für die 30er Jahre war die Karosserie extravagant. Der Niedergang der renommiertesten französischen Marke ließ sich dadurch nicht aufhalten. Die Steuergesetze der Nachkriegszeit drehten den französischen Luxuswagenfirmen den Geldhahn zu

Qualität vom Feinsten. Innenraum eines Hispano Suiza J12. Die gesamte Hispano-Suiza-Produktion von 1931 bis 1938 lag bei etwa 8 750 Wagen. Unten ein extravagantes Delahaye-Cabriolet. Etwa 25 000 Delahaye wurden zwischen 1895 und 1954 hergestellt

Der schnellste Vorkriegssportwagen in der 1100-ccm-Klasse war dieser Fiat Balilla mit 995-ccm-Motor und 48 PS. Daraus entstand der Fiat 508 S, der auch nach dem Krieg viele Rennsiege einfuhr. Insgesamt wurden etwa 1000 Balilla und 508 S-Wagen verkauft

Bei den Franzosen galt Wilhelm Maybach als „König der Automobilkonstrukteure“. Als Freund und Mitarbeiter Gottlieb Daimlers war er der geniale Schöpfer des ersten Mercedes, der zum Vorbild des modernen Automobils wurde. Wilhelm Maybach wird häufig als Schöpfer der Maybach-Luxuswagen bezeichnet. Tatsächlich hat sein Sohn Dr. Karl Maybach, der 1910 die Firma Maybach Motorenbau in Friedrichshafen gründete, jene absoluten Weltklassewagen konstruiert, die in den 30er Jahren als Inbegriff technischer Perfektion galten.

Maybach: Der Brillant aus der Provinz. So teuer wie 33 Opel P4

Wer in den 30er Jahren einen Maybach fuhr, der machte sich um den Spritverbrauch keine Sorgen. Geld mußte reichlich vorhanden sein, denn der Maybach Zeppelin war der teuerste Wagen Deutschlands. Das Maybach-SW-38-Cabriolet wurde nur auf Bestellung geliefert. Karosserie von Spohn in Ravensburg

Im Vergleich zum „Großen Mercedes“, zum Horch oder zum Wanderer mußten Maybach-Besitzer mit dem fast doppelten Kaufpreis rechnen. Allein für das rollende Chassis stellte Maybach um 1930 34 000 RM in Rechnung. Der Karosserieschneider verlangte noch einmal 15 000 bis 20 000 RM. Der Maybach-Zwölfzylinder-Zeppelin – davon wurden etwa 300 Stück gebaut – war der teuerste Wagen im Land und, abgesehen von den sechs Bugatti Royale und den Duesenberg, auch der Welt. Für 50 000 RM ließen sich 33 Opel Olympias oder 5 Dornier-Siedlungshäuser am Bodensee kaufen.

Die wohlhabendsten Industriellen fuhren den Maybach, aber auch Politiker fanden ihn ihrer „Würde“ angemessen. Baron Thyssen, Werner

von Siemens, Backmittelfabrikant Oetker, Stahlfabrikant Hoesch, aber auch die Deutsche Arbeitsfront Berlin, ein Vorläufer der Gewerkschaften, und die Eidgenössische Postverwaltung bestellten die teuren Maybach. Auch braune „Eminenzen", allen voran Goebbels, Himmler und Keitel, fuhren in den 30er Jahren im Maybach DS 8 mit 8-Liter-Zwölfzylindermotor, 200 PS.

Obwohl Karl Maybach seine edlen Wagen nur „als Werbemittel für Maybach" sah – „Geld verdient wird durch unsere Triebwagenmotoren" –, war Maybach im Bedienungskomfort der Konkurrenz um Längen voraus. Die bis zu 3,5 Tonnen schweren Limousinen ließen sich mittels zweier Hebel am Lenkrad mit sanftem Druck des Daumens spielend leicht schalten. Beim Hochschalten wird der linke Vorwählhebel nach oben gedrückt. Der Fahrer geht kurz vom Gas, und schon rastet der nächste Gang ohne Kupplungsbetätigung ein. Zu Recht warb Maybach: „Vier geräuschlose (!) Gänge, die nach Art der elektrischen Schaltweise ohne zu kuppeln, bequem vom Lenkrad aus schaltbar sind." Die Übertragung vom Lenkrad zum Getriebe wurde pneumatisch vermittelt. Das notwendige Vakuum erzeugte der Motor. Über einen Mittelschalthebel in Verbindung mit der Fußkupplung konnten der sogenannte 1A-Gang und der Rückwärtsgang eingelegt werden. Wenn jetzt die Vorwählhebel am Lenkrad betätigt wurden, waren die beiden Gänge wieder in je vier verschiedene Gangstufen unterteilt. Dadurch standen dem Fahrer zwölf Gänge zur Verfügung. Zur normalen Fahrt waren nur vier Gänge nötig. Die Maybach-Zeppelin-Schaltung funktioniert auch heute absolut problemlos in den immerhin 50 Jahre alten Wagen.

Man könnte leicht ein Buch über die technischen Raffinessen der außergewöhnlichen Maybach füllen.

Hier noch ein paar interessante Details: Bei Maybach-Wagen war der hydraulische Wagenheber im Chassis eingebaut, heute eine Spezialität der Formel-1-Boliden.

Maybach-Fahrer verfügten über eine Art Servohilfe für die vier Trommelbremsen, die mit Bremsausgleich ausgestattet waren. Das Maybach-Bremssystem wurde Saugluftbremse benannt und funktionierte, ähnlich den heutigen Servobremsen, nur bei laufendem Motor. Eine zusätzliche mechanische Handbremse wirkte auf die Hinterräder.

Obwohl die Maybach-Limousinen mit fast sechs Metern Länge und 1,85 Metern Breite imponierend groß waren, verblüfft wohl am meisten die Höchstgeschwindigkeit von 185 bis 190 km/h je nach Karosserieausführung. Für die damaligen Zeiten war der 200 PS starke Maybach ein außergewöhnlich schneller Reisewagen.

Der Maybach-Chauffeur benötigte übrigens den Führerschein Klasse II für Lastwagen und Omnibusse (bis 1933), weil das Wagengewicht über 2,5 Tonnen lag. Nach 1933 durften auf Betreiben der Nazis, die selbst Maybachs fahren wollten, Maybach-Fahrer ihren Führerschein der Klasse III b in Klasse II umschreiben lassen.

Nach dem Krieg entstanden aus Ersatzteilen noch eine Handvoll Maybach Wagen, die von der Ravensburger Karosseriefirma Spohn mit straßenkreuzerähnlichen Formen komplettiert wurden. Maybach ist die heutige MTU, Spezialist für Großmotoren und Flugzeugtriebwerke. Der Vater der legendären Maybach-Wagen, Prof. Dr. h.c. Karl Maybach, starb 1960 mit 81 Jahren.

Etwa 30 Maybach Zeppelin Zwölfzylinder-Wagen und 110 Sechszylinder werden von ihren Besitzern gehütet. Kein Wunder, in den letzten Jahren verdoppelte sich der Auktionspreis für schöne Exemplare. Ein Maybach Zeppelin wird jetzt mit 700 000 bis 1,2 Mio. DM gehandelt. Von 1921 bis 1940 wurden insgesamt nur etwa 2 300 Maybach verkauft. 1937 bis 1938 waren es nur 0,1 Prozent der deutschen Autoproduktion.

Als der Zweite Weltkrieg ausbrach, war die glanzvolle Zeit der aufwendigen Prestigewagen endgültig vorbei

Hitlers gepanzerter Paradewagen steht heute im französischen Automuseum von Lyon (oben). Eines der ersten Autoradios von 1939 (rechts). Auch die schönen Kühlerfiguren verschwanden Ende der 30er Jahre sang- und klanglos (ganz oben)

„Das Armaturenbrett ist die Visitenkarte edler Wagen.“ Horch-Konstrukteur Paul Daimler, der Sohn von Gottlieb Daimler, hielt sich daran und schmückte diesen Horch 853 mit perlmuttunterlegten Armaturen

Eine vollendete Linienführung zeigt der amerikanische Duesenberg mit Schweizer Graber-Karosserie. Eine absolute Rarität, die gut 2 Mio. DM wert ist

Die Exklusivität dieser Luxuswagen war schon damals unverkennbar. Hauptkonkurrent Daimler-Benz lieferte 1937 bis 38 gut 10mal so viele Luxuswagen mit Preisen von über 20 000 RM aus.

In England verließen zwischen 1929 und 1935 1767 Rolls-Royce Phantom II das Werk. Der Nachfolgetyp Phantom III lief weniger gut: 717 Exemplare fanden zwischen 1936 und 1939 einen Käufer. Der Rolls-Royce 20/25 brachte es von 1929 bis 1936 auf erstaunliche 3 827 Exemplare. Zwischen 1929 und 1939 wurden aus der englischen Rolls-Royce-Fertigung 6 311 Wagen verkauft. Die amerikanische Rolls-Royce-Produktion wird in dieser Aufstellung nicht berücksichtigt.

Technische Glanzstücke der 30er Jahre sind auch die Hispano-Suiza J12 Coupés von 1933. Der 9 425 ccm große Zwölfzylindermotor gilt neben dem Maybach-Zwölfzylinder als feinster Automobilmotor Europas. 220 PS ermöglichten eine Höchstgeschwindigkeit von 180 km/h und eine nachgewiesene Beschleunigung von 0 auf 100 km/h in 12 Sekunden. Für ein über zwei Tonnen schweres Coupé sind das beeindruckende Werte. Rolls-Royce war von diesem Hispano V12 so begeistert, daß angeblich ernsthaft über eine Lizenzfertigung nachgedacht wurde. Das Geschäft scheiterte am Einspruch des Konstrukteurs Marc Birkigt und Königs Alfonso von Spanien, der sich für diese Firma nicht nur finanziell engagiert hatte. Konstrukteurs- und Monarchenstolz ließen eine geschäftliche Beziehung zum Erzrivalen Rolls-Royce nicht zu.

Betrachtet man die großen Klassiker der 30er Jahre aus einem gewissen Abstand, dann sieht man, daß das Ende dieser einmalig schönen Wagen vorprogrammiert war. Richtig Geld verdient wurde nur mit preiswerten Mittelklassewagen wie dem Ford-A-Roadster, dem Opel Olympia oder dem Mercedes 170 und 200. Sie waren für etwa 4 500 RM (1937) zu kaufen und erfüllten die Wünsche von Millionen.

Die Kühlerfigur als Ausdruck für Renommee und Wert edler Wagen

In den 30er Jahren wechselten die Autofirmen ihre Embleme fast jedes Jahr aus. Der Zubehörhandel bot damals für jeden Mittelklassewagen eine Phantasiefigur an. Hauptsache: auffallend

Schöne Grüße vom weißen Hai

Ein gewaltiger Schwarm angriffslustiger Haifischmäuler griff Mitte der 40er Jahre nach dem Geldbeutel der Amerikaner. Am tollsten trieb es der Buick Eight

Super

Das chromblitzende Interieur strahlte Luxus aus, dem die Amerikaner in den Kriegsjahren zwangsweise entsagen mußten, als die Autohersteller vorübergehend keine privaten Wagen mehr ausliefern durften. Dieses Buick-Armaturenbrett von 1948 zeigt die Freude über den wiedererlangten Wohlstand

DEFROS
PULL
LIGHTER
AIRVEN
OFF

Dieser Chevrolet Stylemaster von 1948 wurde als Pace Car beim 500-Meilen-Rennen von Indianapolis eingesetzt. Eine besondere Auszeichnung für amerikanische Hersteller. 1948 verlangte Chevrolet nur 1 890 Dollar für den Sechszylinder. Heutiger Wert: etwa 50 000 Dollar

NTERNATIONAL
XXV
FC
1942

Präsident Eisenhower bei der Fahrt ins Capitol. Der weiße Cadillac Eldorado ist Baujahr 49/50. Links davon ein nicht minder berühmter Sunshine Spezial mit Sicherheitsbeamten. Nach dem Cadillac-Intermezzo fuhren die amerikanischen Präsidenten nur noch Ford Lincoln

Der gelbe Buick-Roadmaster Riviera von 1949 hat als Erkennungszeichen 4 Motor-„Bullaugen“ an den Kotflügeln. Die verchromten Kotflügelschürzen, „Sweep-Spears“, wurden extra für dieses Modell kreiert

„More of everything you want with Mercury“ (Mercury bietet mehr, als Du Dir wünschen kannst). So warb Mercury für den 1949er V8 mit 95 PS. Heute ein gesuchter Straßenkreuzer mit einmaligen Linien

200 YEARS
USA

Harley Earl, General Motors eigenwilliger Chefdesigner, entwarf diesen Buick Roadmaster Convertible von 1948. Der 5,2 Liter, 144 PS starke Achtzylinderreihenmotor harmonierte optimal mit dem neuen 3-Gang-Getriebe Dynaflow. Damaliger Wert: 2 837 Dollar, heute: 85 000 DM

Der Graham-Hollywood (links, kleines Bild) war einer der gesuchtesten Wagen der 40er Jahre. Graham übernahm die Cord-812-Rechte und verkaufte bis 1941 den Cord auch unter dem Firmennamen Hubmobile. Der weiße Buick von 1941 gehört zum letzten Baujahr mit waagerechten Kühlerchromleisten. Karosserie von Fisher

296
BUIC

Buick Super Four Door Sedan von 1948. Ein Riesenerfolg gegenüber Ford durch eine bessere Ausstattung und technische Raffinessen wie die von innen verstellbare Antenne, das Push-Bottom-Radio und die Sitzheizung. Für 2 087 Dollar damals ein Preisbrecher, heutiger Wert: etwa 45 000 DM

Die 40er Jahre in Amerika: barocke Formen und ein Hauch von Stromlinie – das gefiel

Die ersten Nachkriegsmodelle der amerikanischen Autogiganten entpuppten sich bei genauem Hinsehen als aufgemotzte 1941er Modelle. Von 1942 bis Mitte 1945 produzierten die großen Autowerke exklusiv für Heer und Luftwaffe. In diesen Jahren wurde Ford zum umsatzstärksten Flugzeughersteller der Geschichte. Die berühmten Liberator-Bomber wurden bei Ford in Massen gefertigt.

1945 – der Krieg war überstanden und jeder Amerikaner wollte sich den Traum vom eigenen Wagen gönnen. Bereits 1946 arbeitete jeder zehnte direkt oder indirekt für die Automobilindustrie, so groß war die Nachfrage nach neuen Wagen. Die Ära der Dreamboats rollte heran: Chromblitzende, feudal gepolsterte runde Blechkarossen mit Ausmaßen, die den Städteplanern die Tränen in die Augen trieb. Für 1895 Dollar offerierte Buick 1947 den 144 PS starken Roadmaster, mit 38 Kilogramm Chrom behangen, auf Touren gebracht von dem butterweichen Dynaflow-Dreigang-Automatikgetriebe. Der längs eingebaute Achtzylinder war im Gegensatz zu Ford ein langhubiger Reihenachtzylinder. Ford schwor seit Mitte der 30er Jahre auf den V8 und zwang letztlich Anfang der 50er Jahre alle wichtigen Konkurrenten zum gleichen Motorenkonzept, das bis Anfang der 80er Jahre das klassische Attribut jedes echten Amerikaners war.

Bei Chevrolet vertraute man auf die zuverlässigen Sechszylinderreihenmotoren, bis 1955 der Kundschaft der erste V8 Motor (265 CID) mit 166 PS für 250 Dollar Aufpreis im Chevrolet Bel Air vorgestellt wurde. Der letzte amerikanische Zwölfzylinder kam 1948 vom Band. Dieser Ford Lincoln Continental „nothing could finer" (nichts kann besser sein) war der erste Wagen, der mit dem Türknopf geöffnet wurde. Erst 1956 gab es wieder einen Ford Lincoln Continental. Bei Ford hatte man längst eingesehen, daß sich mit den exquisiten Luxuswagen weit weniger rasch Geld vermehren läßt als mit den optisch jedes Jahr neu aufpolierten Mittelklassewagen vom Typ Cosmopolitan für 2527 Dollar. Der Aufpreis vom 1949er zum 1950er Modell betrug ganze zwei Dollar!

Ende der 40er Jahre erregten wagemutige Konstrukteure das amerikanische Autovolk. Mr. Preston Tucker ist das berühmte Beispiel für einige kluge Ideen, für die der amerikanische Normalbürger kein Verständnis hatte. Der Tucker von 1948 wurde als

Anfang der 40er Jahre war die Zeit der übergroßen, extrem schweren Klassiker wie dieses wuchtigen Cadillac von 1941 endgültig vorbei. Selbsttragende Karosserien ließen sich preiswerter herstellen

„Symbol of safety“ (Symbol der Sicherheit) nur 53mal gebaut. Der horizontal im Heck eingebaute ehemalige Flugzeugmotor von Franklin gilt bei den noch 48 existierenden Wagen als überaus zuverlässiger Sechszylinder. Berühmt wurden die Tukker durch den mitschwenkenden, zentral angeordneten dritten Hauptscheinwerfer, den „Cyclops Eye“, der die Kurven ausleuchten sollte.

Zum ersten Mal wurde der Beifahrer mit einer stark abgepolsterten Armaturenbrettverkleidung verwöhnt. Mangels ausreichenden Kapitals ging Preston Tuckers Traum vom perfekten Sicherheitsauto dann doch nicht in Erfüllung.

Ähnliche unzeitgemäße Illusionen hegten die Tasco-Werke in Hardford, Connecticut. Ihr Tasco V8 bestach unter anderem durch eine fast lükkenlose Rundumverglasung. Aber wer läßt sich schon gerne in der Sommerhitze freiwillig braten? Die Firma ging nach 12 Wagen in Konkurs.

Ein rechtzeitiger Rückzug aus dem beinharten Autogeschäft gelang der Flugzeugfirma Beech (Beechcraft),

Der Strout-Scarab-Ford wurde zwei Jahre lang in ganz geringer Stückzahl gebaut (links). Präsident Eisenhower fuhr einen Scarab in Frankreich. Der Ford-V8-Motor lag im Heck. Der Nash von 1949 galt als revolutionäres Stromlinienauto, nur wenige kauften das Monstrum

die mit ihrem 1948er Beech Plainsman im Markt nicht richtig landen konnte. Ein luftgekühlter Flugzeugmotor trieb das opulent verglaste, sechssitzige, mit Aluminium beplankte Automobil an. Die Testfahrer fühlten sich wie in einer klapprigen Sportmaschine kurz vor dem Abheben. Ein einziges Exemplar fand seinen Käufer!

Das Schicksal des hochgelobten Airway von T. P. Hall aus San Diego geriet in die Schlagzeilen der kalifornischen Presse. Der glücklose Erfinder stürzte sich mitsamt seinem 10,2 PS starken Traummobil über die Steilküste in den Pazifik. Hier zumindest lag die Firma mit dem Namen Airway richtig. Der kleine Airway wurde von einem Zweizylinder-Viertaktmotor von Onan angetrieben, der sich bis heute als einer der besten Stromgeneratormotoren für Jachten durchsetzen konnte.

Der bekannteste Kleinwagenhersteller Amerikas war von 1939 bis 1952 die Firma Crosley in Marion, Indiana. Powel Crosleys putzige Kleinstwagen kann man noch heute im Ford-Museum Dearborn bewundern. Sie waren das amerikanische

Glanzvolle Zeiten für alte 30er. Die Hot Rods der 40er Jahre

Ende der 40er Jahre entstanden in Amerika die ersten Hot Rods. Ford Modelle der 30er Jahre verwandelten sich in heiße Asphaltrenner mit frisierten V8-Motoren. Hier ein Ford Serie 40, der Vorgänger des Three-Window-Coupés

Pendant zum englischen Morris Minior. Für 931 Dollar gab es in den Jahren 1947 und 1948 einen zweisitzigen offenen Sportwagen mit 26-PS-Cobra-Vierzylindermotor oder die viersitzige Limousine und drei weitere Varianten als Kombi, Pick up oder halboffener Geländewagen. Qualitativ brauchten sich die Crosley hinter der übermächtigen Konkurrenz aus Detroit nicht zu verstecken. Aber wer kauft sich schon einen Kleinwagen, wenn fürs gleiche Geld ein gut doppelt so großer und weit komfortablerer Straßenkreuzer angeboten wird? Am 31. März 1952 wurden Powel Crosleys Konten gesperrt, der Traum vom amerikanischen Kleinwagen hatte sich wieder einmal nicht erfüllt.

Die drei Großen aus Detroit übertrafen sich in den 40er Jahren mit vollmundigen Werbesprüchen, die heute als unmittelbarer Ausdruck für die Dreamboat-Autoära gelten. Buick versprach 1947 der Kundschaft: „When better automobiles are built Buick will build them.“ (Wenn jemals bessere Autos gebaut werden, dann baut sie Buick.) Cadillac konterte mit: „The world newest engine – for the world finest cars.“ (Der neueste Motor der Welt für den besten Wagen der Welt.) Der neue Cadillac-V8-Motor war im Gegensatz zu Ford mit obenliegenden Nockenwellen ausgerüstet und leistete 160 PS. Schon etwas dezenter sprach Cadillac auch vom „Standard of the world“.

Chrysler, damals kurzzeitig die Nummer 2, kreierte 1948 die legendären Woody-Stilelemente. Die Holzbeplankung der Wagen gefiel den Amerikanern derartig gut, daß bis Mitte 1949 fast jeder Chrysler Town- und Country-Wagen mit echten Mahagoni- und Eichenhölzern verschönt wurde. Entsprechend fiel auch der Werbeslogan aus: „Be modern – buy Chrysler.“ (Sei modern – kaufe Chrysler!)

Ford sprach aus, was die Leute hören wollten: „There's a finer Ford in your Future." (In deiner Zukunft gibt es einen schönen Ford.) Mit 1517 Dollar für einen Achtzylinder wurden die Ford-Anhänger 1949 bestens versorgt. Der zusätzliche Overdrive-Gang erfreute die Händler, er mußte als Extra bezahlt werden. Erstmals in der Geschichte der amerikanischen Autoindustrie war die Zubehörliste so umfangreich, daß sich der Grundpreis des Wagens mit den Extras glatt verdoppeln ließ. Heute sind guterhaltene Wagen der 40er Jahre eine Rarität. Längst hat sich der Auktionspreis für selten gewordene Woodys auf über 50 000 Dollar hochgeschaukelt.

Wer nach Istanbul reist, kann dort mehr oder minder originale Chrysler de Sotos der Baujahre 1941 bis 1950 und viele 50er Chevrolet Bel Air's als Taxi genießen. Als „Long-Wheelbase"-Taxi-caps wurden diese Wagen als sieben- und achtsitzige Limousinen weltweit verkauft. Mit gut sieben Metern Länge sind die Sammeltaxis die letzten Überlebenden der Dinosaurierzeit amerikanischer Straßenkreuzer. Nach 40 Jahren Dienst und gut zwei Mio. Kilometern türkischer Straßen auf dem Buckel lag Chrysler mit seinem treffenden Werbeslogan durchaus richtig: „The De Soto: Styled to stand out – built to stand up." (Der De Soto: Geformt, um herauszuragen – gebaut, um sich zu erheben.)

Götterdämmerung für noble Wagen

Nur mühsam kam die europäische Autoindustrie nach dem Zweiten Weltkrieg wieder in Fahrt. Mutige Hersteller wie MG wagten die Herausforderung: Typ TC-Midget, 1945–1949

Panhard Dynamic Typ 140. Im Automuseum Ibbenbüren steht eins der wenigen Exemplare dieser technisch raffinierten Konstruktion: Mittellenkung, 6 Zylinder, Schiebermotor ohne Ventile, 80 PS, 2 861 ccm. Die Kupplung wird am Schalthebel „vorgewählt" und mit dem Gaspedal eingerückt

Adler Typ 10. Als „Adler Autobahn“ wurde dieser 2,5 Liter, Sechszylinder bis 1940 verkauft. Die hintere Pendelachse und unabhängig aufgehängte Vorderräder waren bester technischer Standard für die 40er Jahre. Spitze 130 km/h. Mit 5750 RM war der „Adler Autobahn“ ein relativ teures Auto im Vergleich zu den Mittelklassemodellen von Opel und Mercedes

N 845

HX-8049
NY HISTORICAL

Das war 1949 die neue Sportlichkeit: Veritas Cabriolet. Ein ganz seltenes Exemplar aus dem Museum Ibbenbüren. Der Veritas Scorpion lief 1949 165 km/h mit dem Sechszylinder-Heinkel/BMW-Reihenmotor. Konstrukteur: Ernst Loof, Karosserie: Spohn. Es wurden nur etwa 15 Wagen gebaut. Gitterrohrrahmen und Aluminiumkarosserie

Die meisten deutschen Nachkriegswagen waren vor dem Krieg entstanden und erlebten zwischen 1946 und 1950 mit optischen Retuschen ein Comeback. Favorit war unbestritten der Opel Olympia 1,5 Liter. Mit Hildegard Knef im Film „Die junge Sünderin“ wurde er auch auf der Leinwand berühmt. Fräulein Knef trat, erstmals im deutschen Film, völlig entblättert auf

Tankstelle deutscher Wald. Die Holzvergaserära der 40er Jahre

Mangels flüssigen Brennstoffs schraubten unzählige Autofahrer einen Imbert-Holzgenerator auf den kummergewöhnten Ford Eifel (rechts). Das Wohnwagengespann mit Ford Eifel und Detleff-Wohnwagen ließ Camper-Herzen höher schlagen. Fetzig wirkt der Ford V8 mit Stromlinie (rechts oben), sportlich-elegant hingegen ist der Typ 48 (beim Tanken)

Der Zweite Weltkrieg und Hitlers irrwitzige Eroberungspläne blieben Ende der 30er Jahre nicht ohne Folgen für die deutsche Automobilindustrie. Über mangelnde Aufträge konnten sich die Konzernmanager nicht beklagen – alles floß in die Rüstung. Was geschah aber in den Jahren zwischen 1939 und 1946 im Bereich der Weiterentwicklung der Automobiltechnik?

Opel war mit deutsch-amerikanischem Management bis 1939 ganz klar die Nummer 1 unter den deutschen Automobilbauern. Der Grund für den Erfolg: Konsequente Fließbandfertigung der selbsttragenden Kadett-, Olympia- und Kapitän-Modelle in Großserien. Opel konnte sich als exportstärkster europäischer Automobilhersteller ausweisen. Die Presse jubelte: „Ein Wagen für jeden Zweck, für jedes Geschlecht", und meinte damit die schnittigen Opel Kapitän mit 55 PS und 125 km/h Spitze. Der Sechszylinderreihenmotor mit 2,5 Litern Hubraum bestach durch seine Laufruhe und das Drehmoment. Für knapp 4 000 RM gab es nichts Vergleichbares auf dem deutschen Markt. Der meistverkaufte deutsche Personenwagen war bis 1940 der technisch fortschrittliche Opel Olympia Kadett mit 1,5-Liter-Vierzylindermotor. Dieser zuverlässige und preiswerte Motor wurde mit geringen technischen Änderungen bis 1965 in die unteren Mittelklassewagen eingebaut. Der Opel Olympia mit seiner unverkennbaren „Alligator-Haube" – die Motorhaube ließ sich in einem Stück öffnen – war Ende der 30er Jahre der wirkliche „Volkswagen".

Der echte Volkswagen, Ferdinand Porsches wichtigste Erfindung, wird nur wenige Monate vor Kriegsbeginn zum Kübelwagen umkonstruiert (KdF Typ 82). In Amerika erhält die American Bantam Cooperation den Auftrag, innerhalb von 49 Tagen 70 Prototypen des später legendären Willys Jeep zu bauen. Porsches KdF und der Willys-Overland/Ford GPW sind die meistgebauten Armee-Geländewagen der Geschichte.

Nach dem Zweiten Weltkrieg ging es mit der Autoproduktion in der DDR nur mühsam aufwärts. Dieser Horch-Sachsenring-VEB ist eine Rarität aus dem Museum von Oeynhausen. 2,4 Liter, 80 PS, Spitze um 140 km/h. Der Sechszylinder wurde nur 1382mal verkauft. Die meisten als Sachsenring P240

Vom VW-Kübelwagen werden bis Kriegsende in seinen verschiedenen Varianten 69000 Stück geliefert. Der amerikanische Jeep kommt auf 600000 Exemplare, ohne die Lizenzfabrikation in Rußland, Japan und anderen Pazifikländern hinzuzurechnen, die übrigens teilweise bis heute das modifizierte Original fertigen und damit zufrieden sind.

Der Zweite Weltkrieg läßt eine Reihe hervorragender Konstruktionen für immer in den Archiven verschwinden. Bei Daimler entstand noch 1941/42, also mitten im großen Rüstungsgeschäft, eine 32-Stück-Vorserie vom Typ 600 V/K. Anstelle des Achtzylinderreihenmotors M 150 (155 PS, 230 PS mit Kompressor) fand ein Zwölfzylinder in V-Form mit 6020 ccm im rund sechs Meter langen Wagen Platz. Die Motorleistung stieg von 170 PS in der zahmsten Ausführung auf über 240 PS mit zugeschaltetem Roots-Kompressor bei 3600 U/min. Dieser erste Zwölfzylindermotor aus der Stuttgarter Serienfertigung überlebte den Krieg in keinem einzigen Exemplar. Deshalb sucht man den Motor auch vergebens im Daimler-Benz-Museum in Untertürkheim. Die Konstruktionszeichnungen ruhen allerdings im feuerfesten Archivschrank.

Wie überall in der kriegsführenden Welt, konnten auch die deutschen Autowerke als reine Rüstungsbetriebe angesehen werden. Dies machten sich die Sieger zunutze. Für die sowjetische Besatzungsmacht waren die Auto-Union-Werke eine lohnende Reparationsleistung. Bis Mitte 1946 wurden die noch intakten Preßwerkzeuge von Horch, Wanderer und DKW abmontiert und nach Rußland geschafft. Das beste Geschäft versprach die moderne Opel-Olympia-Kadett-Fabrikation. Als 1,5-Liter-

Moskwitsch feierte der Rüsselsheimer Dauerbrenner bis Mitte der 60er Jahre – in alle Ostblockländer exportiert – ein fröhliches Comeback.

Aus der Auto-Union-Gruppe sowie BMW-Eisenach, Phänomen (Zittau) und sonstigen kleineren Betrieben der Automobilbranche entstand in der Ostzone 1948 der volkseigene Betrieb (VEB) IFA. Dort wurde der letzte Horch gebaut.

Die westlichen Alliierten dachten nach Kriegsende über einen deutschen Einheitswagen nach. Das Volkswagenwerk in Wolfsburg sollte 40 000 dieser Wagen herstellen. Ford-Köln hätte 40 000 Lastwagen produzieren sollen – eine Monopolstellung für zwei kontrollierte Werke. Die anderen Autofirmen sollten Agrargeräte, Kühlschränke und ähnliches liefern. Bei Opel wurden 1946 tatsächlich 5 000 Kühlschränke pro Monat fabriziert. Daimler-Benz stellte unter anderem Fahrradanhänger her, und BMW produzierte Kochtöpfe für Großküchen.

Trotz der Materialknappheit liefen schon 1946 monatlich über 1000 VW Käfer vom Band. Nur etwa 30 davon wurden privat mit Bezugsschein verkauft, der Rest blieb den Alliierten vorbehalten. Nachdem sich die erste Aufregung der Umbruchwirren gelöst hatte, tauchten die eingemotteten Vorkriegswagen wieder im Straßenverkehr auf. Die meisten Personenwagen hatten die Kriegsjahre, unter Heu oder in einem Erdloch versteckt, relativ heil überstanden. Der Schwarzhandel mit Ersatzteilen und dem kostbaren Benzin blühte. Nur Bezugsberechtigte hatten Anspruch auf zehn Liter Benzin pro Monat, damit kam auch der sparsamste Opel Olympia allerdings nur knapp 130 Kilometer weit. Not macht erfinderisch. Der Imbert-Holzvergaser entpuppte sich als rußige Alternative zum Benzin. Bis 1948 fielen den Autofahrern ganze Waldregionen zum Opfer. Bei Ford und AEG standen Holzfällertrupps für die werkseigenen Lastwagen im Sold.

Das langsame Sterben der französischen Luxuswagen

Der Talbot Lago T26 Grand Sport von 1948 leistet 240 PS bei 4 483 ccm und fährt locker 205 km/h schnell. Weder Bugatti noch Talbot Lago oder Delahaye überstanden die rigorose Steuergesetzgebung der 40er, 50er Jahre in Frankreich

So konnte der Wiederaufbau nicht weitergehen. Der Verband deutscher Ingenieure (VDI) hielt im Oktober 1949 eine Fachtagung mit dem Thema: „Der kleine Zweisitzer als Gebrauchswagen." Aus dieser Diskussion entstand in den Köpfen der Ingenieure der für jene Zeit ideale fahrbare Untersatz: der deutsche Kleinwagen. Ohne diese später verwirklichten Kleinwagen hätte die Motorisierung in den 50er Jahren viel länger gedauert. Als Grundmodell wünschten sich die Ingenieure folgende Leistungswerte: Zweizylindermotor, Zweitakter, luftgekühlt, 400 bis 500 ccm Hubraum, 12 bis 15 PS Leistung, Verbrauch um 4 Liter Gemisch. Spitze 85 km/h, Leerge-

„Darf es etwas mehr sein?" Jeder Rolls Royce war bis in die 70er Jahre eine Einzelanfertigung

Der erste Rolls Royce nach dem Krieg war dieser Silver Wraight von 1946. Der Zwölfzylinder aus der letzten Baureihe Phantom III erschien der Geschäftsleitung zu wuchtig in Anbetracht der wirtschaftlichen Lage. Deshalb fand ein relativ kleiner Reihensechszylinder mit nur 4,5 Litern seinen Platz im voluminösen Motorraum. Der vollständig in Handarbeit hergestellte Silver Wraight wurde 1950 für ganze 41 000 sFR. in Europa verkauft. Heute kostet ein R & R fast 10mal soviel

wicht 350 kg, Preis um 2 500 DM, 2 bis 3 Sitzplätze und ein kleiner Kofferraum. Im Vergleich zum VW-Käfer war das ein etwa halb so teures Miniauto, das wegen seiner einfachen Technik von jedem Motorradmechaniker repariert werden konnte.

Der VW-Standard war mit 4 800 DM ein teures Auto, das sich nur die Verwaltung oder wohlhabende Bürger mit Beziehungen leisten konnten. Die wiederauferstandenen Daimler-Vorkriegsmodelle vom Typ 170 V bekamen eine Dieselvariante als Typ 170 D. Mit gleicher 38-PS-Leistung ging dieser werksintern als 636-Vierzylinder in die Automobilgeschichte ein. Es ist der erste Großserien-PKW mit Dieselmotor. Der vor dem Krieg vorgestellte 260 D wurde fast ausschließlich für den Taxibetrieb verkauft. Der 636-Dieselmotor wird auch heute nach über 50 Jahren Produktionszeit in Spanien immer noch als bewährter Industrie- und Bootsmotor gefertigt. Der 170 V/D war mit 9 200 DM fast doppelt so teuer wie der Volkswagen, dennoch mußte schon 1949 im Zweischichtrhythmus produziert werden, um die Nachfrage zu dekken. 1949 verblüfften die schwäbischen Autobauer die Fachwelt mit dem 170 S. Der Wagen wurde zum Symbol für das „Wirtschaftswunder" der 50er Jahre. Der kleine Mann von nebenan schwärmte vom 10 000 DM teuren Mercedes 170 S und zahlte jeden Monat seinen Champion 250 für 2 650 DM ab. Gehobene Ansprüche erfüllte der Gutbrod Superior mit immerhin 3 990 Mark (1950).

Konsequenter Leichtbau ließ die verbreitete sparsame Motorisierung auf Landstraßen vergessen. Die Autobahnen wurden im Krieg als bevorzugte Angriffsziele verwendet, weil hier der Nachschub rollte. Entsprechend kurz fielen die Autobahnfahrten Ende der 40er Jahre aus. Kaum eine Brücke war nicht zerstört und kaum ein Fahrbahntunnel intakt. Wer Kleinwagen fuhr, blieb fast ständig auf dem Gaspedal und kam mit 65 km/h Durchschnittstempo auch ans Ziel. Über mangelhafte Leistung beklagten sich die Kleinwagenfahrer erst Mitte der 50er Jahre. Zunächst war nach dem Krieg jeder Deutsche froh, wenn er wenigstens ein Dach über dem Kopf hatte.

Bei den deutschen Nachbarn konnten sich die Staatsmänner als glänzende Sieger feiern lassen, der

Hier sieht man den Unterschied zwischen einem Großserienwagen und der standesgemäßen Möblierung von Rolls Royce. „Bequemlichkeit wird nie unmodern, und wer einmal Rolls Royce fuhr, wird dieses Fahrvergnügen wohl zeitlebens nicht vergessen. Deshalb lohnt sich die Geldausgabe," argumentieren Rolls-Royce-Besitzer, vielleicht nicht zu unrecht

einfache Mann in England, Frankreich und Italien tat sich freilich mit einem erschwinglichen Automobil nicht weniger schwer als der kleine Mann beim Verlierer Deutschland. Der englische Austin Ten wurde von 1932 bis 1947 fast unverändert gebaut, weil für eine modernere Konstruktion kein Geld da war. Citroën und sein 7CV, der erste echte Großserienwagen mit Frontantrieb, wurde zwischen 1935 und 1956 700 000mal verkauft, während der 2CV (Ente) erst Mitte der 50er Jahre zu einem der größten Verkaufserfolge bei den Kleinwagen wurde.

Italiens Fiat Topolino dürfte bis 1955 der technisch überragende Kleinwagen nach dem Krieg gewesen sein. Im Gegensatz zu den ungenügend motorisierten deutschen Kleinwagen und den veralteten englischen Wagen setzte Fiat auf die richtige Mischung: vier Sitze, Vierzylindermotor mit Wasserkühlung, dadurch eine gute Heizung und keinerlei thermische Probleme bei Bergfahrten. Die originelle Form und seine sprichwörtliche Zuverlässigkeit ließen die „Kleine Maus" zum besten und beliebtesten Nachkriegskleinwagen Europas reifen.

Jagdzeit für die schnellen Katzen

Wie kaum ein anderer Sportwagen sorgte der Jaguar XK 120 für glänzende Augen. Der erste Serienwagen mit Doppelnockenwellenmotor

BI-AR 275

Beim Anblick des 1951 vorgestellten Mercedes 300 S wurden selbst starke Männer schwach. Nahtlos schließt dieser Wagen an die glorreiche Luxuswagenära der 30er an. 175 PS, bei 5 400 ccm, Einspritzmotor 6 Zylinder. Spitze um 180 km/h. Zwischen 1951 und 1958 wurden 760 Stück 300 S/SC zu etwa 34 500 DM verkauft. Heutiger Wert zwischen 250 000 bis 350 000 DM

Der Victoria 250 ist einer der „Traumwagen“ der 50er Jahre. Elektromagnetisches Fünfgang-Vorwählgetriebe mit Drucktasten und Wählhebel am Instrumentenbrett. Kunststoffkarosserie nach einer Idee von Egon Brütsch. Von diesem Typ wurden zwischen 1957 und 1958 729 Wagen verkauft, dann ging Victoria die Luft aus

Obwohl die gleichen Karosseriebauer je nach Bedarf einen Rolls Royce oder einen Bentley herstellten, unterschieden sich die Bentley der 40er und 50er Jahre von R & R durch eine sportlichere Getriebeabstufung. Dieser Bentley S2 von 1959 ist das erste Modell mit V8-Motor, 6 230 ccm und automatischem Getriebe

Die ersten Ferrari 250 GT von 1954 sind heute schon wertvolle Raritäten, die bei Auktionen Höchstpreise erzielen. Kein anderer Nachkriegssportwagen fasziniert mehr als der Zwölfzylinder mit 2 953 ccm und 220 PS bei 7 000 U/min. Er wurde bis 1966 in sehr unterschiedlichen Karosserievarianten verkauft

Im Vergleich zu manchen anderen Sportwagenherstellern gelang Ferdinand Porsche mit seinem ersten Serienwagen 356 gleich ein großer Wurf. Von 1950 bis 1965 stieg die Motorleistung von zahmen 40 bis auf 95 PS an. Die 2 000 GS Carerra 2 Sportmodelle erreichten sogar 130 PS in der renntauglichen Ausführung. Dieser abgebildete 356 C wurde von 1963 bis 1965 für etwa 16 000 bis 24 000 DM verkauft. Heutiger Wert: etwa 70 000 DM

Ford Taunus „Weltkugel“, der amerikanische Straßenkreuzer im deutschen Miniformat. So viel Chrom hatte 1955 kein anderer Mittelklassewagen. Und keiner war ähnlich attraktiv ausgestattet. Dieser 15 M De Luxe ist 38 PS stark und wird heute als perfektes Beispiel des deutschen Wirtschaftswunders in Ehren gehalten

KÖLN
HOROSKOP
BR 549-656

Nur fünf Jahre nach Ende des Zweiten Weltkrieges sah sich die Welt wieder mit einem Krieg konfrontiert: Korea im Juni 1950. Das hemmte den Wiederaufbau der europäischen Automobilwirtschaft erheblich. In Frankreich verordnete die Regierung einen Stop der Personenwagenproduktion, und in Deutschland gab es Materialknappheit wie sonst nirgendwo. Karosseriebleche mußten den Herstellern zugeteilt werden. Dadurch konnten kleinere Fabriken die Kundschaft nur ganz beschränkt beliefern. Bei Ford, Opel und Daimler betrug die Lieferzeit einiger Modelle deshalb zwei Jahre. Kleinwagenhersteller behalfen sich mit zusammengeschweißten Blechen und formten daraus beulenreiche Karosserien. Hauptsache, die Produktion lief noch einigermaßen termingerecht.

Getreu amerikanischen Vorbildern entstanden Anfang der 50er Jahre Ministraßenkreuzer, die von der neuen Automobilpresse über den grünen Klee gelobt wurden. Das „Hamburger Echo" bekannte: „Beim ersten Anblick möchte man meinen, einen echten Amerikaner in verkleinerter Ausführung vor sich zu haben," und meinte damit den neuen Staunau K 400. Firmenchef Karl-Heinz Staunau zog es bald vor, nach Südamerika auszuwandern. Zurück blieb im Februar 1951 das wirtschaftliche Chaos. Der Gutbrod Superior 700 ging trotz seiner Pleite 1954 in die Automobilgeschichte ein. Es war der erste Zwei-

Sophia Loren, die unwiderstehliche Schöne aus Italien mit ihrem Flügeltüren-Mercedes 300 SL. Ursprünglich nur als Rennsportwagen entworfen, gilt der 1954 präsentierte Serienwagen heute als teuerster und meistgesuchter deutscher Nachkriegssportwagen bei Auktionen. Der Herr mit dem 300 SL Roadster ist Ex-Diktator-Sohn Trujillo aus der Dominikanischen Republik

Die Plastikbomben der 50er Jahre

Sie waren die Stars der ersten Autosalons nach dem Krieg. Maico 500 Sport (oben), Karosserie von Beuttler. Die putzige Brütsch-Mopetta, ein 50 ccm Ei, das nie in Serie ging (links). Der englische Nobel 200 wurde mit Hilfe der persischen Kaiserin Soraya finanziert. Ein Riesenflop

taktmotor in einem Personenwagen mit Benzineinspritzung. Der von der Flugzeugfirma Hirth entwickelte Zweizylinder-Zweitaktmotor konsumierte die passende Mischung direkt aus der Einspritzpumpe. Mit dieser Getrenntschmierung liefen die Gutbrod-Superior-700-E-Zweitakter fast geruchsfrei und ohne die üblichen Probleme mit den durch zu fettes Gemisch verrußten Zündkerzen.

Der 30 PS starke Gutbrod Superior 700 E gewann bei schweren Zuverlässigkeitsfahrten die schönsten Silberpokale, aber mit 5 750,– DM war dieser technisch interessante Zweisitzer 1 000 DM teurer als der VW Käfer oder der neue Glas 600/700 Isar und der tolle NSU 600 Prinz.

Die Zeit der anspruchslosen Zweitaktmotoren lief Mitte der 50er Jahre der Entwicklung hinterher. Jetzt verlangte die Kundschaft saubere Viertaktmotoren, fünf bequeme Sitze und einen voluminösen Kofferraum für Steilwandzelt und Bade-

Der erste Opel-Kapitän-Prospekt nach dem Krieg (links oben) zeigt noch das Design der 30er Jahre. Der Sechszylinder entsprach amerikanischer Ponton-Bauart mit selbsttragender Karosserie

Die Opel Rekord der 50er Jahre verwöhnten durch üppigen Fahrkomfort zu günstigen Preisen. Die Opel Admiral und Kapitäne kamen mit dem Werbetext „Ein Wagen, den die Welt begehrt“, bei Handelsvertretern hervorragend an. Keine andere europäische Firma konnte damals mehr Auto für weniger Geld bieten

boot. Camping wurde zum Hit der 50er Jahre. „Pack die Badehose ein“ trällerte Conny Froboess, und Marianne Koch nebst Walter Giller mimten „Skandal im Mädchenpensionat“ – ein Kassenschlager. Die Nation bekam rote Köpfe.

Im Juli 1953 feierte das Volkswagenwerk den 500 000sten Käfer. 19 000 Arbeiter und Angestellte konnten in einem rouletteähnlichen Spiel 600 Fahrräder, 40 Motorräder und 5 Käfer gewinnen. Pro Tag verließen 1953 1 000 Käfer das Fließband. Die Regensburger Messerschmitt-Werke sahen in ihrem neuen Kabinenroller KR 175 den „Düsenjäger des kleinen Mannes“. Die „ADAC Motorwelt“ urteilte damals: „Die Grundidee des Kabinenrollers ist goldrichtig.“

In Stuttgart-Untertürkheim reifte im gleichen Jahr 1953 der ultraschnelle Mercedes 300 SLE heran. USA-Importeur Maxie Hoffmann drang auf eine Serienproduktion und orderte gleich 1 000 Stück.

Der Neue Ford Taunus (Weltkugel) traf mitten ins Herz des deutschen Mittelstandes – die Lieferfrist stieg auf neun Monate an. Angstgegner Opel verursachte bei den hinteren Passagieren akute Seekrankheit im butterweich gefederten Opel Olympia Rekord. „Ein Amerikaner für Deutschland“ lobte das „Hamburger Abendblatt“ die Neukonstruktion und versprach: „Nie war Autofahren genußvoller als bei diesem Luxuswagen der Mittelklasse.“

In Deutschland fuhr 1953 jeder fünfzigste Einwohner einen Personenwagen. Doppelt soviele Franzosen besaßen einen Renault 4CV, die Ente oder den 7CV. In Amerika hatte schon jeder vierte einen Wagen. Nur sechs Jahre später sollte, statistisch gesehen, jeder Amerikaner sein eigenes Automobil fahren. Die Blechlawine rollte immer rascher auf das Chaos zu, das heute moderner Straßenverkehr heißt.

Die neuen Klassiker: Amerikas Autoträume

Zum 50sten Jubiläum von Buick wurde 1953 dieser Skylark Convertible angeboten. Die „Feldlerche" erwies sich damals im Verkauf als flügellahm – heutiger Wert: knapp 100 000 DM

Dieser Buick Roadmaster (siehe auch Kapitelanfang) von 1953 wurde von Elmo Classic in Stuttgart aufwendig und fachgerecht restauriert. Wert: knapp 100 000 DM. Dynaflow-3-Gang-Automatikgetriebe mit Wählschalter am Lenkrad, 188 PS, Vierfachvergaser, V8-Motor

Der Zeitgeschmack ließ Mitte der 50er Jahre manchen Autoliebhaber zu Blechschere und Schweißapparat greifen. Dieses preisgekrönte Heckflossenungetüm entstand 1959. Eine radikale Abkehr vom Heckflossendesign unternahm Studebaker mit dem Avanti (unten). Der mutige, aber glücklose Versuch, gegen den Zeitgeschmack zu schwimmen

Auch das gehört zum Zeitgeist der 50er Jahre: Unterwasserhotel in Florida. Bar und Saloon lagen unterhalb der Wasserlinie, bis ein Gast beim Anblick eines Blue Marlin zur Pistole griff

FAP·820
COLORADO

Zwei Idole der 50er Jahre, die sich innig liebten: Marylin Monroe besaß drei Ford Thunderbirds. Dieses V8 Modell E von 1957 hat 285 PS unter der Haube und fährt locker 220 km/h. Für damalige Zeiten ein echter Donnervogel: Wert heute: um 72 000 DM

Perfektes Technikstyling wurde Ende der 50er Jahre immer populärer. Hier eine stark verchromte Jaguar-Hinterachse mit innenliegenden Scheibenbremsen. Jaguar war die erste Autofirma mit serienmäßigen Scheibenbremsen

2mal Chevrolette Corvette. Die blaue Corvette von 1954 war noch mit dem Sechszylinderreihenmotor und 150 PS zu dürftig motorisiert. Wert heute: um 72 000 DM. Die rote Corvette von 1959 war mit dem 270-PS-V8-Motor und Viergangschaltgetriebe eine echte Konkurrenz zum Mercedes 300SL. Der Wagen gehört Fürstin Gloria von Thurn und Taxis

Fuel Injection

Die großen sechssitzigen Convertibles, hier ein Oldsmobile Golden Rocket von 1957, wurden damals spottbillig verkauft: 2 691 Dollar für 277 PS. Nur 300 Dollar mehr als für die geschlossene Limousine

CALIFORNIA
MONTH
YEAR
2CZA061
The Golden State

Den Chevrolet Nomad Bel Air von 1957 kennt jeder Amerikaner. Die chromstrotzende Karosserie zierte eines der attraktivsten und erfolgreichsten Fahrzeuge der „Fifties“. Der Nomad hatte zu Recht den Anspruch, sowohl vollwertiger Straßenkreuzer als auch Nutzfahrzeug zu sein. Ford und Plymouth waren nicht in der Lage, am Erfolg des Nomad zu kratzen

Die Werbetexter suchten auch in den 50er Jahren nach klangvollen Namen. Dieser Chevrolet-Bel-Air-Convertible von 1957 ist mit dem neuen „Triple-Turbine-Turboglide“ ausgerüstet – ein schlichtes Dreigang-Automatikgetriebe mit Berggangübersetzung

100
110
INSIDE AIR
OUTSIDE AIR
TEMP

GHS 989

CALIFORNIA
63
GHS 989

Cadillac gilt bis heute als technisch bester amerikanischer Luxuswagen. Dieser 1953er Convertible wurde nur 532mal als Eldorado Convertible gebaut. Wert heute: etwa 100 000 DM. 5,6 Liter Motor mit 210 PS. Das „Autronic Eye“ sorgte nachts dafür, daß das Fernlicht automatisch auf Abblendlicht umgeschaltet wurde, sobald ein Wagen entgegenkam

Ende der 50er Jahre spielte der Benzinpreis noch eine absolut untergeordnete Rolle. Entsprechend „durstige“ Motoren fanden ihre Verwendung bei Sportwagen und heißen Stock Cars. Dieses Exemplar hat 8 Zylinder, Kompressor und leistet etwa 400 PS

1950
1959

Die 50er Jahre. Das war der Beginn einer neuen Ära für die USA, das waren blendende Aussichten für alle Amerikaner. Endlich war Geld zum Ausgeben da, für aufregende Rock-'n'-Roll-Scheiben und Hula-Hoop-Reifen, sogar für Autos mit Heckflossen reichten die Dollars. Petticoats und Nietenjeans lösten den Nice-Girl-Good-Boy-Look ab. Die Vorkriegsgeneration sah sich mit einem völlig neuen Lebensstil konfrontiert. Das Jahrzehnt produzierte Helden, Schurken, Verlierer und Gewinner in nie zuvor gekannter Zahl. Nicht nur Idole und Ereignisse von damals strahlen heute noch ihre ganz besondere Faszination aus, sondern vor allem die chromblitzenden Schönheiten auf vier Rädern versetzen uns direkt in eine Zeit zurück, die heute die Jugend wieder begeistert. Es war eine Invasion aus Chrom und Stahl, die in den „Fifties" über Amerika hereinbrach. Zweieinhalb Tonnen Auto für ganze 2 500 Dollar.

„Styling und Glamour statt ausgefeilter Technik und excellenter Fahreigenschaften" – so beurteilten deutsche Autotester damals die legendären Straßenkreuzer der Juke-Box-Ära. Kein Wunder, hatte man doch Anfang der 50er wenig Sinn für extremen Komfort und großzügiges Styling. Gewiß spielte auch der Neid bei solchen Beurteilungen eine Rolle, denn schließlich hatte man den Krieg verloren, und die kaum wieder aufgebauten deutschen Autowerke waren froh um jeden Kunden.

Türkischer Dodge-Siebensitzer von 1951. Vom Dodge gab es eine Lizenzproduktion im Orient und in Asien durch lokale Autofirmen

Gebaut für die Ewigkeit? Amerikanische Straßenkreuzer sind oft über 50 Jahre lang auf türkischen Straßen unterwegs – zum Geldverdienen

Bei entsprechender Pflege halten amerikanische Chromboliden eine kleine Ewigkeit. Der Chrysler oben hat etwa 2 Mio. Kilometer auf dem Buckel, der massive De Soto (darunter) von 1939 ernährt – mit abgestelltem Tachometer – schon drei Generationen einer türkischen Taxifahrerfamilie

Aus einer gewissen Distanz betrachtet, waren die amerikanischen Großserienwagen damals ausgezeichnete Gebrauchswagen für den richtigen Markt. Über technische Leistungen kann man geteilter Meinung sein, fest steht, daß die Amerikaner der 50er Jahre heute in der Gunst der Sammler ganz hoch angesiedelt sind.

Spätestens seit dem letzten Börsenkrach vom Herbst 1987 ist so manchem Finanzakrobaten schmerzlich klar geworden, daß sich unter Umständen mit hochkarätigen alten Wagen das Geld schneller vermehrt als in schlechten Zeiten an der Börse.

Daß ein 1930 für rund 45 000 Dollar erstandener Bugatti Royale heute 20 Mio. Dollar wert ist, wurde bei einer amerikanischen Auktion bewiesen. 1998 soll dieser in nur sechs Exemplaren gefertigte Super-Oldtimer mindestens 75 Mio. Dollar erzielen. So schätzt Auktionator Dean Kruse das Geschäft ein.

Es geht aber auch noch schwungvoller. 1962 rollte der letzte Frontmotor-Ferrari 330 GTO aus den heiligen Hallen in Modena. Es war der letzte Ferrari, der als Serienwagen gut für Langstreckenrekorde war – 2. und 3. Platz in Le Mans 1962. Nur 24 Jahre später wurde dieser Wagen für 9 268 000 Francs, rund 3 Mio. DM bei einer Versteigerung in Monaco

Da blieb kein Auge trocken. Dame mit weißem Pudel auf leopardenfarbenen Sitzbezügen im Oldsmobile von 1958. Das fliegende Auto ist ein Convair-Studebaker von 1951. Diese Firma stellte fünf verschiedene fliegende Autos her, die heute zu den absoluten Raritäten zählen

Mit traurigen Scheinwerferaugen blickt dieser Traumwagen der 50er Jahre in eine zum Glück ungewisse Zukunft. Typ General Motor Futura von 1956

verkauft. Ein 250 Testarossa von 1958 erzielte immerhin beachtliche 2,6 Mio. DM. Beide Wagen wurden 1958 beziehungsweise 1963 für knapp 100 000 DM an die sportliche Kundschaft verkauft. Die Wertsteigerung entspricht einem dreißigfachen Gewinn – eine beachtliche Rendite.

Der Markt für erstklassige Oldtimer erlebte in den USA einen Boom, der für hiesige Verhältnisse kaum vorstellbar ist. 1955 rollten 185 000 Chevrolet-Bel-Air-Hardtop-Straßenkreuzer vom General-Motors-Fließband. Stückpreis 2 067 Dollar. Heute werden die schönsten Exemplare bei Auktionen für 12 000 bis 15 000 Dollar versteigert. Auktionator Rick Cole beziffert den Bestand auf 150 000 noch fahrbereite Wagen. 1998, also in rund zehn Jahren, soll der Wert mindestens 50 000 Dollar betragen.

Wesentlich rasanter entwickeln sich die Preise bei den echten Raritäten. Ein 1948er Tucker, einst für 2 485 Dollar zu erwerben, kostet heute 100 000 Dollar und soll 1998 schon 350 000 Dollar erzielen. Nur 51 Wagen brachte Preston Tuk-

Seiner Zeit weit voraus war dieser Studebaker Golden Hawk von 1957. 275 PS, Karosserie vom bekannten Designer Raymond Loewy. Der Golden Hawk war für den damaligen Zeitgeschmack freilich zu klein

Die Sensation aus Amerika: der Ford Fairline-Monterey von 1956

Deutschen Autotestern blieb die Spucke weg, wenn es originale Straßenkreuzer aus Amerika bei Ford in Köln zu bestaunen gab. 225 PS, V8-Motor und eine Federung wie ein französisches Doppelbett

ker an den Mann. Derzeitiger Bestand: noch immer 48 Wagen.

Geradezu raketenhaft steigen auch in Deutschland die Werte von ausgesucht schönen amerikanischen Klassikern der 40er bis 60er Jahre. Marktführer Elmo Classic in Stuttgart verkauft heute aufwendig restaurierte USA-Straßenkreuzer zwischen 60 000 und weit über 100 000 DM. Ein Chevrolet Nomad liegt bei etwa 70 000 DM, und ein 1963er Chevrolet Corvette Split Window wurde für über 81 000 DM verkauft.

Im Gegengeschäft kann ein 300-SL-Leichtmetallcoupé für 350 000 bis 400 000 DM an den (japanischen) Geschäftsmann gebracht werden. Unvorstellbare Preise noch vor zwei Jahren, heute bestimmen Flair und Güte des Wagens den Preis.

Für 44 000 DM werden Bentleys, Lamborghinis und sehr viele Porsches 356 angeboten, dennoch boomt der Oldtimer-Markt bei den amerikanischen Modellen. „Trittbrettfahrer gibt es in jeder Branche. Natürlich versuchen einige Händler, sich mit unsauber restaurierten Wagen vom großen Kuchen etwas abzuschneiden. Alles unter dem Motto – Schrott wird wieder flott."

Im Vergleich zu europäischen Limousinen der 50er Jahre sind die Amerikaner dieser Epoche opulent mit Extras ausgestattet, die beim Wert heute eine entscheidende Rolle spielen. Hydraulisch betätigte Fensterheber und die per Knopfdruck auslösbaren Cabriodächer sind schwierig in der Ersatzteilversorgung. Ein Push-Bottom-Radio mit Röhrentechnik kostet heute über 2 000 DM und wird von den guten Restaurateuren originalgetreu instandgesetzt. Die mehrfarbige Lederpolsterung der Luxusausführungen kann nicht mit deutschem Leder nachgebessert werden.

Wolfgang Sälzler, Geschäftsführer bei Elmo Classic: „Motor und Getriebe halten bei den Amerikanern viel länger als die Karosserie. Ein New Yorker Exemplar wird für uns nicht in Frage kommen, aber ein Wagen aus dem heißen Colorado oder auch aus Chile. Gewisse Wagen und deren Ersatzteile sind so rar, daß sich die Restauration erübrigt. Wer solch einen Wagen in Deutschland anbietet, handelt unseriös, weil er mit Sicherheit keine Originalteile für die Restauration verwendet hat." Wohin geht der Trend? Der Wagen muß Charakter zeigen. Der rechnerische Wert hängt auch in Zukunft davon ab, ob er den Zeitgeschmack optimal trifft. Für die wirklich vermögende Kundschaft spielt es keine Rolle, ob der Wagen 200 000 oder 300 000 DM kostet.

Entscheidend sind der technische Zustand und das makellose Erscheinungsbild. Sälzler: „Wenn der Kunde eine Opel-Auspuffanlage bei einem 1949er Ford Mercury entdeckt, ist das Geschäft schon geplatzt. Deshalb ist eine schnelle ‚Restaurierung' absolut sinnlos. Ein guter Restaurationsbetrieb wird sich auf ganz wenige Markentypen spezialisieren."

Daimler-Benz beispielsweise läßt einen Teil der Grand-Prix-Rennwagen in England restaurieren, weil es dort fähige Spezialisten für Vorkriegsrennmotoren gibt. Ein leitender Mitarbeiter: „Das Know-how ist dort so gut, daß wir unsere besten Leute dafür einsetzen müßten, und die werden für größere Aufgaben benötigt." Auch durch die immer mehr steigenden Arbeitskosten und die ständig wachsenden Qualitätsansprüche der Kundschaft sind die Preise für außergewöhnliche Wagen der Luxusklasse heute exorbitant hoch.

Ein Zwölfzylinder-Maybach Zeppelin wurde Ende '88 in Hamburg für 650 000 DM ersteigert. Für deutsche Verhältnisse ist dieser Verkaufspreis enorm. Bei der Pepple-Beach-Auktion von Rick Cole wurde ein fast identisches Maybach-Modell für umgerechnet 980 000 DM verkauft. Rick Cole: „Der Wagen ist ein reines Investment, in zwei Jahren wird der Maybach 200 Meilen gefahren sein und 1,2 bis 1,3 Mio. bringen, weil es in ganz Amerika weniger als fünf Maybach-Zwölfzylinderwagen gibt."

Die Konkurrenz zwischen den japanischen und amerikanischen Käufern treibt die Preise weiter an. Ein Ende der Fahnenstange ist nicht in Sicht. Die europäischen Autoliebhaber scheinen sich bislang noch immer für alte technische Perfektion zu begeistern, während in den USA mit Leidenschaft das faszinierende Spiel der sprunghaften Renditesteigerungen betrieben wird. Wolfgang Sälzler: „Big bucks beginnen ab 1 Mio. Dollar. Der Auktionator läßt sich vor der Auktion bei weniger gut bekannten Interessenten einen beglaubigten Kontoauszug der Bank vorlegen. Scheingeschäfte finden in Amerika nicht statt. Wer den Finger hebt, kann die Millionen Dollar auch bezahlen, deshalb gibt es in Zukunft zwei Klassen von Oldtimer-Liebhabern. Die Europäer freuen sich an der schönen Technik und die Amerikaner und Japaner am schönen Geld, das damit verdient wird."

Die Straßenkreuzer der 50er Jahre: nie gab es mehr PS für weniger Geld

Beim 1957er Chevrolet Bel Air strömte die Frischluft am Scheinwerferglas vorbei ins Wageninnere. Für wenige Dollar Aufpreis durfte der Kunde zwischen 140, 185, 245 und 283 PS wählen. 2 464 Dollar hat dieser rote Bel Air 1957 gekostet

General Motors Chefstylist Harley Earl gilt als Erfinder der Heckflossenära. Beim Cadillac Eldorado Biarritz von 1955 ragten die hinteren Kotflügel erstmals steil nach oben. 1961 war der ganze Spuk wieder verschwunden. Links oben und großes Bild: der 380 PS starke Chrysler Windsor von 1958. Als Pfannkuchen-Design werden die Kühlergrills vom Ende der 50er Jahre bezeichnet. Von heute aus gesehen eine totale Geschmacksverirrung

Die neuen Klassiker! Diesen Cadillac Eldorado Biarritz Convertible von 1960 gibt es in nur 1 285 Exemplaren. Heutiger Wert: um 100 000 DM. 6,3 Liter Hubraum, 345 PS und 5,78 m Länge. Ein gigantisches Flossenauto, danach wurden die Straßenkreuzer immer kleiner. Heute ein seltenes und kostbares Stück Automobilgeschichte

Rasant vergeht die Zeit. Dieses Chevrolet-Corvette-Split-Window-Coupé von 1963 erzielt heute Höchstpreise. Die versenkbaren Scheinwerfer, die Zentralverschlüsse für die Räder und der neue 5,3-Liter-V8-Einspritzmotor mit 360 PS galten seinerzeit als technische Sensationen. Leistungsmäßig war dieser Stringray der Konkurrenz um Längen voraus.

Verzeichnis der Abbildungen

Verlag und Autor danken für die gute Zusammenarbeit bei diesem Buch:
Reinhard Lintelmann für seine stimmungsvollen Fotos von den schönsten europäischen Oldtimern aus dem Museum von Ibbenbüren, dem Norddeutschen Auto- und Motorradmuseum, Bad Oeynhausen, und dem Veteranenfahrzeughof Dissen; das Auburn-Cord-Duesenberg Museum in Auburn/USA ermöglichte die wohl einmaligen Fahrszenen mit Duesenberg-Klassikern; Uschi Danjek organisierte die schönsten L & M-Motorshow-Fotos in Kalifornien; das Historische Archiv von Daimler Benz recherchierte unter der Leitung von Michael Rau und Maria Feiffel nach sechzig Jahre alten Werbeunterlagen und steuerte viele seltene Bilddokumente bei; Ion Zamfirescu, der einstige Rallye-Monte-Carlo-Sieger, ließ nichts unversucht, um aus dem exzellenten Ford-Archiv in Köln bisher unveröffentlichtes Foto- und Textmaterial auszugraben – mit bestem Erfolg; Opel-Kollege Bodo Fischer ließ seine engen Bindungen zu General Motors und der Alt-Opel-Vereinigung spielen und fand Bemerkenswertes; besonderer Dank gilt Wolfgang Sälzler von Elmo Classic, Stuttgart, der mit dem Fotostudio Gaukler/Plattenhardt die eindrucksvollen Straßenkreuzer der fünfziger Jahre ins rechte Scheinwerferlicht rückte.

Die technischen Daten der historischen Wagen stammen von den Besitzern oder aus den Automobilwerken mit den ihnen angeschlossenen Museen und wurden auf Richtigkeit geprüft.

ISBN 3 8094 0270 2

Titelbild: Reinhard Lintelmann, Espelkamp, **Umschlagrückseite:** Hans Georg Isenberg, Fellbach
Fotos: Daimler-Benz AG Historisches Archiv: Seite 6/7, 30/31, 60/61, 64/65, 138; Duesenberg-Museum USA: Seite 42/43; Elmo Classic/Gaukler Studios GmbH, Stuttgart: Seite 2/3, 4/5, 102 oben, 104/105, 142/143, 144/145, 148/149, 152/153, 160/161, 172/173. 174/175; Ford AG, Köln: Seite 19 oben rechts, 22/23, 24/25; The Kobal Collection/New Eyes GmbH/edition cicero GmbH, fine art publishers, Hamburg: Seite 148 oben; Reinhard Lintelmann, Espelkamp: Seite 8/9, 10/11, 24/25, 26/27, 68/69, 70 oben, 78/79, 84/85, 101, 102 Mitte, 112/113, 120/121, 122/123, 124/125, 126/127, 130/131; Philip Morris AG, München: Seite 5 unten, 150/151, 154/155, 162/163; OPEL AG, Rüsselsheim: Seite 118, 140/141, 166 unten; Renault, Paris, Historisches Archiv: Seite 28/29 unten, 53 oben; H.-J. Richter/MOT, Stuttgart: Seite 135; Rothändle-Raritäten-Show: Seite 12/13, 74/75, 96 oben; alle weiteren Aufnahmen: Hans Georg Isenberg, Fellbach
Grafische Gestaltung: Herbert Emmer, Stuttgart-Asemwald, und Wolfgang Kelling, Stuttgart
Redaktion für diese Ausgabe: Herta Winkler
Umschlaggestaltung: Andreas Jacobsen

Satz: Grunewald Satz & Repro GmbH, Kassel
Gesamtkonzeption: Bassermann'sche Verlagsbuchhandlung, D-65527 Niedernhausen/Ts.

1903446589X7 2635 4453 62